WIENER GEOGRAPHISCHE SCHRIFTEN

GEGRÜNDET VON LEOPOLD G. SCHEIDL

HERAUSGEGEBEN VON KARL A. SINNHUBER

INSTITUT FÜR WIRTSCHAFTS- UND SOZIALGEOGRAPHIE DER WIRTSCHAFTSUNIVERSITÄT WIEN
(HOCHSCHULE FÜR WELTHANDEL IN WIEN)

55/56

Urlaub auf dem Bauernhof

Eine empirische Untersuchung der Struktur und Entwicklung einer spezifischen Erholungsform und ihrer Auswirkungen auf die Land- und Forstwirtschaft in Niederösterreich

von

KLAUS ARNOLD und CHRISTIAN STAUDACHER

Wien 1981

VERLAG FERDINAND HIRT, WIEN

Durchführung und Druck dieser Studie wurden dankenswerterweise unterstützt
durch das Bundesministerium für Wissenschaft und Forschung,
den Jubiläumsfonds der Österreichischen Nationalbank,
den Österreichischen Bauernbund und
die Österreichische Gesellschaft für Wirtschaftsraumforschung
an der Wirtschaftsuniversität Wien

© 1981 by Verlag Ferdinand Hirt, Ges. m. b. H., Wien
ISBN 3 7019 5141 1
Druck: Ferdinand Berger & Söhne Ges.m.b.H., 3580 Horn, Niederösterreich

Inhaltsverzeichnis

Seite

1. Einleitung 9
   1.1. Fragestellung 9
      1.1.1. Rahmenbedingungen 9
      1.1.2. Beziehungssystem 9
      1.1.3. Entwicklungs- und raumtheoretischer Ansatz 10
         1.1.3.1. Stufentheorie 10
         1.1.3.2. Verbreitungshypothese 12
      1.1.4. Problemstellung 13
   1.2. Abgrenzung des Untersuchungsobjektes 14
   1.3. Untersuchungsgebiet und Gebietsgliederung 15
   1.4. Materialgrundlagen der Untersuchung 16

2. Angebot und Nachfrage – Analyse der räumlichen und wirtschaftlichen Grundlagen 20
   2.1. Umfang und Bedeutung des Urlaubs auf dem Bauernhof in Niederösterreich 20
      2.1.1. Verbreitungsmuster und naturräumliches Eignungspotential . 21
      2.1.2. Schätzung der Vermietungskapazität 24
   2.2. Spezifische Grundlagen und Strukturen des Angebots . . . 24
      2.2.1. Externe Grundlagen – Die fremdenverkehrsrelevanten Lagebedingungen 26
         2.2.1.1. Verkehrslage 26
         2.2.1.2. Erreichbarkeit touristischer Infrastruktur . . . 27
      2.2.2. Interne Grundlagen – Der bäuerliche Betrieb und seine Fremdenverkehrseinrichtungen 30
         2.2.2.1. Der bäuerliche Betrieb als Vermietungsgrundlage . 30
            2.2.2.1.1. Landwirtschaftliche Betriebsgröße . . . 31
            2.2.2.1.2. Waldflächenausstattung 31
            2.2.2.1.3. Viehbestand 33
            2.2.2.1.4. Dritterwerb 35
         2.2.2.2. Die bäuerliche Familie als Entscheidungs- und Aktionsgruppe 35
            2.2.2.2.1. Entscheidungs- und Motivationsstrukturen 36
            2.2.2.2.2. Familienstruktur und arbeitswirtschaftliche Kapazität 37
            2.2.2.2.3. Ausbildung und Werbung 40
         2.2.2.3. Das interne Fremdenverkehrsangebot der Vermieterbetriebe 43
            2.2.2.3.1. Zimmer- und Bettenkapazität . . . 43
            2.2.2.3.2. Ausstattung 46
            2.2.2.3.3. Verpflegsangebot 47

		Seite
	2.2.2.3.4. Preisstruktur	49
	2.2.2.3.5. Angebotstypen	50
	2.2.2.3.6. Strukturräume des Angebots	53
2.3.	Struktur und Dynamik der Nachfrage	54
	2.3.1. Herkunftsstruktur	55
	2.3.2. Familienstruktur	56
	2.3.3. Altersstruktur	58
	2.3.4. Entwicklung der Nachfrage	59
	2.3.5. Strukturräume der Nachfrage	60
3. Die Wechselbeziehungen zwischen Vermietung und Landwirtschaft		62
3.1.	Entwicklung der Vermietung auf Bauernhöfen	63
	3.1.1. Beginn der Zimmervermietung	64
	3.1.2. Ausbau der Bettenkapazität	65
	3.1.3. Aufstockungsmechanismen	65
	3.1.4. Räumliche Ausbreitung der Vermietung	66
	3.1.5. Investitionstätigkeit	68
	3.1.5.1. Holzverkauf als Finanzierungsmittel	69
	3.1.5.2. Grundverkauf als Finanzierungsmittel	70
	3.1.5.3. Finanzierung durch Fremdkapital	72
3.2.	Strukturkennziffern zur ökonomischen Wertung der Vermietung	73
	3.2.1. Durchschnittliche Aufenthaltsdauer	73
	3.2.2. Frequenzverteilung	74
	3.2.3. Winteranteil	78
	3.2.4. Bettenauslastung	79
3.3.	Auswirkungen auf die Land- und Forstwirtschaft	80
	3.3.1. Primäreffekte	81
	3.3.1.1. Arbeitswirtschaftliche Auswirkungen	81
	3.3.1.2. Auswirkungen auf das Einkommen	82
	3.3.1.2.1. Einnahmen aus der Vermietung	82
	3.3.1.2.2. Einkommensverbesserung durch Direktvermarktung	88
	3.3.2. Sekundäreffekte	90
	3.3.2.1. Sekundärwirkungen im Bereich der Bodennutzung	91
	3.3.2.2. Sekundärwirkungen im Bereich der Viehhaltung	92
	3.3.2.3. Auswirkungen auf die Bodenmobilität	94
	3.3.2.4. Auswirkungen auf die Existenz der landwirtschaftlichen Betriebe	98
	3.3.2.5. Multiplikatorwirkungen	100
	3.3.2.5.1. Auswirkungen auf die Innenwirtschaft	100
	3.3.2.5.2. Auswirkungen auf den Wohnhausbau	102
	3.3.2.5.3. Auswirkungen auf die Haushaltsausstattung	103
4. Zusammenfassung		106
Abstract: Vacation on the Farm. An Empirical Study of Structure and Development of a Special Type of Recreation and its Effect on Agriculture and Forestry in Lower Austria		110

	Seite
Quellenverzeichnis	111
Verzeichnis der Tabellen	115
Verzeichnis der Abbildungen	117

Vorwort

Für die österreichische Landwirtschaft hat sich der „Urlaub auf dem Bauernhof" zu einer nicht mehr wegzudenkenden zusätzlichen Einkommensquelle entwickelt, die vor allem in den Berg- und Grenzregionen eine besondere Bedeutung hat – also in jenen Regionen, deren natürliche Produktionsvoraussetzungen ohnedies eher ungünstig sind.

Wenn bereits mehr als 27.000 landwirtschaftliche Betriebe in Österreich „Urlaub auf dem Bauernhof" anbieten, zeigt dies die Bedeutung dieses Zuerwerbs sehr deutlich.

Gesamtwirtschaftlich bringt der „Urlaub auf dem Bauernhof" eine Erhöhung der Nächtigungsfrequenz, und zwar nicht nur in den traditionellen Fremdenverkehrsgebieten. Diese gestiegene Nächtigungsfrequenz bringt natürlich positive Effekte für die am Fremdenverkehr mitbeteiligten Gast- und Gewerbebetriebe mit sich.

Die Vorteile des „Urlaubs auf dem Bauernhof" liegen in dem relativ kostengünstigen Angebot, den guten Kontaktmöglichkeiten und der in allen Fällen gegebenen Nähe zur Natur. Diese Besonderheiten schätzen vor allem die ausländischen Gäste und österreichische Familien mit Kindern sowie ältere Menschen. „Urlaub auf dem Bauernhof" trägt dazu bei, österreichische Devisen zu sparen bzw. ausländische Devisen nach Österreich zu bringen.

Für viele bäuerliche Betriebe bringt allerdings die Umstellung auf diese Zu- bzw. Nebenerwerbsform eine ganze Reihe von Problemen mit sich.

In der vorliegenden Studie werden diese Probleme eingehend analysiert und Lösungsmöglichkeiten angeboten. Dadurch ergibt sich nicht nur eine echte Entscheidungshilfe für den einzelnen Betrieb, sondern auch für die Beratung im Interesse einer optimalen Gestaltung des „Urlaubs auf dem Bauernhof".

Josef Riegler
Direktor des Österreichischen Bauernbundes

1. Einleitung
1.1. Fragestellung
1.1.1. Rahmenbedingungen

Urlaub auf dem Bauernhof als spezifisches touristisches Angebotssegment entwickelte sich vornehmlich nach dem Zweiten Weltkrieg in allen Industrieländern mit intensiver Fremdenverkehrswirtschaft. Soweit Vergleichswerte zur Verfügung stehen, dürfte zwar Österreich mit rund 27.000 Vermieterbetrieben (7% der land- und forstwirtschaftlichen Betriebe) und 230.000 Betten (1970) eine Spitzenstellung einnehmen, doch erreichen auch andere Länder bedeutende Werte. So beteiligen sich in der BRD 2,2% aller landwirtschaftlicher Betriebe an der Vermietung (RUPPERT 1980, S. 181) [1], in Finnland gibt es rund 5.000 Vermieterbetriebe, in der Provinz Alicante wurden in 126 Vermieterbetrieben 1977 rund 550 Betten angeboten (MANDL 1979, S. 101) und in Frankreich gab es 1979 rund 28.000 Bauernhöfe mit Zimmervermietung („gîtes ruraux", WRATHALL 1980, S. 195). Auch in Nordamerika entwickelte sich diese Angebotsform als „Farm Vacation" nach 1950 (DAVIS 1964).

Innerhalb des österreichischen Fremdenverkehrs stellt der niederösterreichische Fremdenverkehr auf dem Bauernhof hinsichtlich der Bedeutung der bäuerlichen Zimmervermietung am Gesamtbettenangebot, hinsichtlich der Nähe zum Wiener Ballungsraum mit seinem Bevölkerungspotential von weit über 2 Mio. Menschen und hinsichtlich seiner Angebots- und Nachfragestrukturen einen extremen Sonderfall dar.

1.1.2. Beziehungssystem

Beim Urlaub auf dem Bauernhof treten zwei Wirtschaftsbereiche in eine enge Wechselbeziehung, welche dieselben Produktionsfaktoren beanspruchen. Je nach der Faktorauslastung entwickelt sich damit ein Beziehungssystem, das zwischen einer wechselseitigen Ergänzung und einer extremen Polarisierung alle Schattierungen aufweist. Das Systemverhalten kann als ein Kampf um die Produktionsfaktoren gedeutet werden, dessen Ergebnis zwischen Ergänzungs- und Konkurrenzverhältnis schwankt.

Das Ergänzungsverhältnis tritt dann auf, wenn die Produktionsfaktoren des Betriebes durch die Land- und Forstwirtschaft nicht voll ausgelastet sind. So kann im bodenarmen bis bodenreichen Familienbetrieb die nicht voll beanspruchte Arbeitskraft durch die Fremdenzimmervermietung zu einer höheren Arbeitsproduktivität geführt werden. Ähnliches gilt für den Einsatz des Kapitals, sofern das aus dem Fremdenverkehr verdiente Einkommen zu einem Gesamteinkommenszuwachs führt. Ebenso kann in Gebieten, in denen die Land- und Forstwirtschaft auf Grund der ökologischen Voraussetzungen ungünstige Entwicklungschancen vorfindet, der Fremdenverkehr eine besonders hohe Lagerente erzielen und damit ungünstigere Umweltbedingungen kompensieren (PEVETZ 1979: „Negative Korrelation").

Andererseits treten beide Betriebszweige unter bestimmten Voraussetzungen in ein Konkurrenzverhältnis um die Produktionsfaktoren; hinsichtlich des Arbeitsfaktors besonders akzentuiert dort, wo die sommerlichen Hauptarbeitsspitzen mit

---

[1] In Schleswig-Holstein 6%, Bayern 3%, im Landkreis Berchtesgaden 59%.

der Hauptnachfrage im Fremdenverkehr zusammenfallen. Ebenso wird der Land- und Forstwirtschaft durch die Investitionen in den Fremdenzimmerausbau Anlagekapital entzogen bzw. vorenthalten, oder es bildet sich ein Konkurrenzverhältnis um den Produktionsfaktor Boden heraus, indem durch zunehmende Aufparzellierung, Flächenverluste an die Fremdenverkehrsinfrastruktur oder durch den Verkauf von Flächen an andere Betriebe eine Reduzierung des landwirtschaftlichen Bodens eintritt.

Je nach Neigung und Ausbildung des Betriebsleiters, der Entwicklungsstufe der Vermietung, den Produktionsvoraussetzungen des Betriebes und der Fremdenverkehrsnachfrage werden das eine Mal die auf Ergänzung abzielenden Kräfterelationen, das andere Mal die Konkurrenzverhältnisse überwiegen. Im Extremfall kann dies dazu führen, daß einer der beiden Betriebszweige aufgegeben wird.

1.1.3. Entwicklungs- und raumtheoretischer Ansatz

1.1.3.1. Stufentheorie

Das latente Spannungsverhältnis zwischen den beiden Wirtschaftsbereichen Landwirtschaft und Fremdenverkehr, das mit zunehmender Entwicklung des Fremdenverkehrs zu einem immer stärkeren „Kampf um die Produktionsfaktoren" führt, wurde als Grundlage für die Entwicklung einer stufentheoretischen Vorstellung herangezogen. Danach tritt mit der Aufnahme der Fremdenzimmervermietung auf Bauernhöfen eine dreistufige Entwicklung ein (vgl. KOPETZ 1972, ferner Abb. 14):

(a) *Initialphase:* In der Regel beginnt die Vermietung mit 4–10 Betten nach einer vorangegangenen Investitionsphase, die zu einer recht hohen Kapitalbeanspruchung führt. Erst die empirische Untersuchung zeigte, daß der Initialphase noch eine Vorphase voranzustellen ist, in der eine relativ starke Belastung des Kapital- und Bodenfaktors auftritt (Abb. 1). Sie wird durch die besonders in Niederöster-

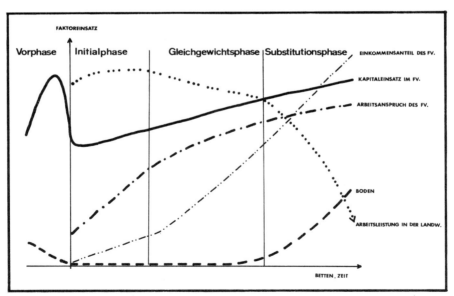

Abbildung 1: Entwicklung der Faktorverhältnisse in bäuerlichen Vermieterbetrieben

reich notwendigen Investitionen in den Um- und Neubau des Wohnhauses und den Ausbau der landwirtschaftlichen Infrastruktur hervorgerufen, die zu einem überraschend hohen Prozentsatz durch Grundverkäufe finanziert werden.

Abgesehen von der Kapitalbelastung treten in der Initialphase noch keine wesentlichen Entzugserscheinungen an Produktionsfaktoren aus dem landwirtschaftlichen Betrieb auf. In dieser Phase wird der Fremdenverkehr lediglich als untergeordneter Zuerwerb betrachtet. Die Betriebe versuchen, in erster Linie Erfahrungen zu sammeln. Auch ist der Betriebsleiter zumeist nicht bereit, die arbeitsmäßigen Ansprüche der Land- und Forstwirtschaft zugunsten des Fremdenverkehrs zurückzustellen. Die weniger arbeitsaufwendige Frühstückspension überwiegt. Daher sind auch mit Ausnahme der Modernisierung der Wohngebäude und Investitionen im Bereich der Hauswirtschaft die Auswirkungen auf den landwirtschaftlichen Betriebsteil gering. Dieser wird — vielfach unter Inkaufnahme einer arbeitsmäßigen Überbeanspruchung — in derselben Intensität wie vor Vermietungsbeginn weitergeführt. Häufig ist sogar eine weitere Steigerung der Flächenintensität und -produktivität feststellbar. Allerdings ergibt sich ein Problem dadurch, daß Auslastung und damit Rendite der Zimmervermietung in dieser Anlaufphase vielfach gering sind. Bei weniger als 40 Vollbelegstagen, die in Niederösterreich häufig anzutreffen sind, ergeben Modellkalkulationen vielfach sogar Einkommensverluste.

In allen Fällen aber ist der Beitrag der Zimmervermietung zum Gesamtbetriebseinkommen sehr gering. Vielfach verhindert nur der nicht kalkulierte Einkommensanspruch echte Verluste (PEVETZ 1979, S. 161). Eine Reihe von Betrieben betrachten allerdings den Fremdenverkehr von vornherein als Übergangsstadium, indem sie Räume vermieten, die später für ihre Kinder vorgesehen sind. Sie scheiden nach einiger Zeit wieder aus der Vermietung aus. Ebenso gibt es Betriebe, die, von der Realität der Vermietung desillusioniert, diese wieder auflassen.

(b) *Gleichgewichtsphase:* Der Großteil der Betriebe vergrößert aber in mehreren Ausbauphasen sein Bettenangebot auf mehr als 10 Betten und überschreitet damit die Grenze der Privatzimmervermietung. Diese Betriebe werden zu konzessionierten Fremdenverkehrsbetrieben, deren Größenexpansion nun auch formalrechtlich fixiert wird. Damit wird allerdings eine weitere wichtige Grenze überschritten: Bei Frühstückspensionen ist nun eine Arbeitskraft voll ausgelastet und wird dadurch, gerade während der landwirtschaftlichen Hauptarbeitsphase, dem landwirtschaftlichen Betrieb entzogen. Sofern der Betrieb nicht durch zusätzliche Arbeitskräfte (Eltern, Tochter) oder Mechanisierungsreserven über eine hohe Arbeitselastizität verfügt, wird er den Einstieg in die Gleichgewichtsphase mit einer Betriebsvereinfachung beantworten müssen. Dies darf durchaus nicht im Sinn einer Negativentwicklung interpretiert werden. In vielen Fällen kann dadurch auch in der Landwirtschaft die Arbeitsproduktivität deutlich ansteigen.

Gleichzeitig erhöhen sich die Einnahmen aus dem Fremdenverkehr deutlich. Das Interesse an der Zimmervermietung steigt ebenso wie die nunmehr von längerer Erfahrung profitierende Angebotsqualität. Daraus resultieren eine größere Zufriedenheit der Gäste und häufig eine günstigere Auslastung. Nach Abschluß dieser wechselseitigen Anpassung erzielt der Betrieb aus Land- und Forstwirtschaft und aus dem Fremdenverkehr ein relativ gleichgewichtiges Einkommen. Auch aus dem Fremdenverkehr erzielte Einnahmen werden nun vielfach in die Landwirtschaft reinvestiert. Sie führen häufig zu einem hohen Mechanisierungsgrad dieser Betriebe.

(c) *Substitutionsphase:* Bei weiterem Ausbau des Fremdenverkehrs steigen Kapital- und Arbeitsaufwand kontinuierlich an. Sobald die agrarinternen Rationalisierungsmöglichkeiten erschöpft sind, wird der Betrieb sich entschließen müssen, einzelne Betriebszweige aufzugeben. In der Regel wird die arbeitswirtschaftlich besonders anspruchsvolle Großviehhaltung zuerst aufgelassen. Im Sinn eines stufenweise ablaufenden Auflassungsprozesses werden dann schwieriger zu bewirtschaftende Flächen, schließlich die Viehhaltung insgesamt und im Endstadium der gesamte Betrieb aufgelassen. Nur der Wald wird meist als Anlagevermögen zurückgehalten (HINTERMANN 1974, S. 210). Vor allem in Dorfanlagen wird diese Entwicklung durch den Druck des expandierenden Fremdenverkehrs auf den Bodenmarkt begünstigt, indem das Ansteigen der Bodenpreise den Verkauf von Baugrund immer rentabler macht und zugleich das Bodenpreis-Ertragsverhältnis immer ungünstiger wird, sodaß landwirtschaftlicher Grund kaum mehr gepachtet oder gekauft werden kann. Als Endergebnis wird in vielen Fällen eine völlige Substitution der Landwirtschaft durch den Fremdenverkehr erfolgen.

1.1.3.2. Verbreitungshypothese

Diese einzelbetrieblichen Entwicklungsabläufe und Faktorverhältnisse sind im räumlichen Kontext zu sehen. Auffallendes erstes Ergebnis jeder Analyse der Angebotsform „Urlaub auf dem Bauernhof" ist eine starke räumliche Inhomogenität des Auftretens. Es stellt sich daher die Frage nach den räumlichen Entwicklungsbedingungen und Erklärungen für die räumliche Verbreitung des Phänomens Urlaub auf dem Bauernhof. Folgende Faktoren erklären die räumliche Verbreitung und insbesondere die räumliche Inhomogenität:

(a) *Naturraumfaktoren:* Bevorzugte Verbreitungsgebiete des Urlaubs auf dem Bauernhof sind Hügelländer, Mittelgebirgsräume und Tallandschaften alpiner Hochgebirge sowie Gebiete mit der Möglichkeit zur Ausübung des Wintersportes und die Nahbereiche von Wasserflächen. Der Fremdenverkehr vermag daher die Landwirtschaftliche Produktionsungunst dieser Lagen teilweise auszugleichen. In Niederösterreich sind daher die Bereiche des östlichen Flach- und Hügellandes (Weinviertel, Tullner Feld, Wiener Becken) Gebiete mit vergleichsweise schlechten Voraussetzungen für den Urlaub auf dem Bauernhof.

(b) *Faktoren der Siedlungsweise:* Der Urlaub auf dem Bauernhof bevorzugt Betriebe in Einzelhoflage oder solche in kleinen Sammelsiedlungen (Weilern). Gebiete mit großräumiger Baustruktur der Gehöfte sind wegen der geringeren Investitionsaufwände begünstigt. Die Sammelsiedlungsgebiete des östlichen Flach- und Hügellandes und große Teile des Waldviertels sind damit relativ benachteiligt. Die relativ späte Entwicklung des Urlaubs auf dem Bauerhof in diesem Raum dürfte sich teilweise daraus erklären. Die schlechte Bausubstanz bäuerlicher Gehöfte ist in ganz Niederösterreich ein Nachteil, eine Ausnahme sind nur die Ausläufer des Verbreitungsgebietes der Vierkant- und Dreikanthöfe im Westen Niederösterreichs.

(c) *Agrarstrukturfaktoren:* Man kann erwarten, daß Gebiete dominierender Viehwirtschaft (Grünlandwirtschaft) Gunstgebiete des Urlaubs auf dem Bauernhof sind; teilweise gilt dies auch für Weinbaugebiete und Obstbauzonen. In Niederösterreich bieten daher die grünland- und viehhaltungsintensiven Gebiete der kalkalpinen Tallandschaften, der Voralpen, des westlichen Alpenvorlandes, des Waldviertels und der Buckligen Welt günstige Voraussetzungen. In der Wachau wird in stärkerem Maß der Konnex zum Obst- und Weinbau in der Form des „Urlaubs auf dem Winzerhof" genutzt.

(d) *Komplementär- oder Ergänzungsfaktoren:* Zimmervermietung und Gästebetreuung auf Bauernhöfen ist eine Nebenerwerbsform, welche als Einkommensergänzung konzipiert ist. Der Urlaub auf dem Bauernhof wird daher dort bevorzugt auftreten, wo starker Ergänzungsbedarf in der Einkommenssituation der bäuerlichen Haushalte besteht und wo andere Alternativen für einen Nebenerwerb nicht bestehen oder schwer erreichbar sind. Aufgrund des Investitionsbedarfes für den Beginn einer Zimmervermietung kann der Einkommensergänzungsbedarf aber erst ab einer bestimmten Betriebsgröße (= Investitionsfähigkeit) mittels Urlaub auf dem Bauernhof gedeckt werden. Es sind daher in Niederösterreich nicht die Gebiete mit klein- und kleinstbetrieblicher Struktur bevorzugt Gebiete der bäuerlichen Vermietung, sondern Räume mit mittel- und großbetrieblicher Landwirtschaft.

(e) *Induktionsfaktoren:* Der Urlaub auf dem Bauernhof ist nur eine spezielle Form innerhalb des Fremdenverkehrs und daher so wie dieser an das Vorhandensein besonderer natürlicher Voraussetzungen, touristischer Infrastruktur usw. gebunden. Die bäuerliche Zimmervermietung ist daher mit deutlicher Korrelation zu Fremdenverkehrsgebieten zu erwarten. In manchen Teilgebieten kann sie sich sogar zur führenden Einrichtung des Fremdenverkehrs entwickeln. In Fremdenverkehrsintensivgebieten ist durch Beispiel- und Innovationswirkung ein stärkeres Auftreten des Urlaubs auf dem Bauernhof zu erwarten. In Niederösterreich sind daher die Bereiche der Kalkalpen, der Voralpen, die Wachau und die höheren Teile des Waldviertels sowie die Bucklige Welt Gunsträume für das Auftreten der bäuerlichen Vermietung. Ausstrahlende Wirkungen sind auch vom städtetouristischen Zentrum Wien zu erwarten.

(f) *Nachfragefaktoren:* Es ist zu erwarten, daß sich mit steigender Entfernung von den Nachfragezentren (im Falle Niederösterreichs von Wien) die Chancen für den Urlaub auf dem Bauernhof verschlechtern. Durch die Motorisierung des Verkehrs sind allerdings die Grenzen der Reichweiten der Urlauber, aber auch der Wochenendausflügler z. T. weit über die Dimensionen Niederösterreichs hinausgewachsen, sodaß distanzielle Momente der Nachfrage eher indifferent sein dürften. Für die Auslösung des Urlaubs auf dem Bauernhof in historischen Perioden (Zwischenkriegszeit, frühe Nachkriegszeit) und damit für eine traditionelle Bindung an verkehrsgünstige Regionen (Bahnanschluß entlang der Südbahnstrecke, Mariazeller Bahn im Raum Annaberg) spielte die Nachfragenähe eine bedeutende Rolle. Diese frühen Entwicklungsgebiete sind heute die reifen bäuerlichen Vermietergebiete.

Den Faktoren der räumlichen Verbreitung und damit der räumlichen Selektivität auf Grund von Gunst- bzw. Ungunstbedingungen für den Urlaub auf dem Bauernhof wird vor allem im Kapitel 2 nachgegangen, den stufentheoretischen Fragestellungen schwergewichtsmäßig im Kapitel 3.

1.1.4. Problemstellung

Unter Zugrundelegung dieser theoretischen Basis ergeben sich für die vorliegende Untersuchung eine Reihe von Fragestellungen. An der Spitze stand der Versuch, diese theoretischen Überlegungen empirisch zu überprüfen. Es war dabei von vornherein klar, daß die Substitutionsphase infolge der vergleichsweise geringen Reife des niederösterreichischen Fremdenverkehrs bestenfalls an Einzelbeispielen erkennbar sein würde.

Darüber hinaus sollten folgende Fragen beantwortet werden. Wie werden die Investitionen für den Fremdenzimmerausbau finanziert und wieweit erfolgt eine Rentabilisierung durch Übernachtungen und Direktvermarktung? Wie wirken sich das zusätzliche Einkommen und der gesteigerte Arbeitsaufwand auf die landwirtschaftliche Bewirtschaftung aus? Kommt es dadurch zu einer Erhöhung der Flächenintensität, zu steigenden Investitionen in die Landwirtschaft und gesteigerter Produktionsleistung oder sind im Gegenteil eine Einschränkung der arbeitsintensiven Produktionszweige und letzten Endes extreme Extensivierungs- und Verfallserscheinungen die Folge? Erreichen die regionalpolitischen Vorstellungen einer Sanierung wirtschafts- und strukturschwacher Räume durch die Förderung von Urlaub auf dem Bauernhof ihre Zielsetzungen? Führt der Einsatz öffentlicher Mittel in Form von Förderungen zu Besitzfestigung und regionalwirtschaftlicher Stabilisierung, oder kann dieses Ziel vielleicht auf anderen Wegen, etwa durch eine verstärkte Förderung der Landwirtschaft, viel effektiver erreicht werden?

Neben diesen Grundfragestellungen ging es in der vorliegenden Untersuchung aber auch darum, die spezifische Situation der Bauernhofvermietung in Niederösterreich mit ihren gegenüber anderen Landesteilen so unterschiedlichen Angebots- und Nachfrageformen zu charakterisieren und deren räumliche Differenzierung aufzuzeigen. Letztlich war es ein Ziel dieser Untersuchung, im Sinne der Angewandten Wirtschaftsgeographie Erkenntnisse zu erarbeiten, die sich in die Planungspraxis umsetzen lassen und in der Regionalpolitik ihren Niederschlag finden können.

1.2. Abgrenzung des Untersuchungsobjektes

Eine der wichtigsten Voraussetzungen vor Beginn der empirischen Arbeiten war die Entwicklung einer Definition von „Urlaub auf dem Bauernhof". Eine derartige begriffliche Festlegung dieses Phänomens war in der bisherigen Literatur explizit kaum zu finden.

Schon bald wurde klar, daß es kaum zielführend sein konnte, unter Urlaub auf dem Bauernhof nur den Sektor der bäuerlichen Privatzimmervermietung zu sehen (EISELT 1976, Fremdenzimmerstatistik 1979/80) [2]. Bei der hier entwickelten Definition dieses Begriffes stand die Überlegung im Vordergrund, daß es sich um eine Kombination zweier Wirtschaftsbereiche (Landwirtschaft und Fremdenverkehr) handelt, die einem sehr spezifisch ausgerichteten Erwartungskomplex der Nachfrage gegenüberstehen:

(a) Der *Leistungsanspruch* des land- und forstwirtschaftlichen Betriebes führt dazu, daß es sich um einen voll funktionsfähigen land- und fortwirtschaftlichen Betrieb handeln muß. Dazu gehören eine selbstbewirtschaftete Mindestfläche, ein Wirtschaftsgebäude (-teil), das dem Betrieb den Habitus eines Bauernhofes verleiht, und eine zumindest teilweise Beschäftigung der Besitzerfamilie in der Land- und Forstwirtschaft. Alle Untersuchungen weisen darauf hin, daß diese Freizeitform zumindest im mitteleuropäischen Raum in sehr starkem Konnex mit der bäuerlichen Viehhaltung, besonders der Rinderhaltung, steht. Die Verbundenheit zwischen Gast und Tier erscheint dabei als wesentliches Element der angestrebten Naturnähe. Folgerichtig wird die Zahl der Tiere in Vermieterbetrieben auch in den meisten Prospekten besonders hervorgehoben.

Dennoch muß diese Erholungsform nicht unbedingt mit Viehhaltung kombiniert sein. Als Sonderformen können durchaus auch Weinbauwirtschaften („Urlaub auf dem Winzerhof") oder Obstbaubetriebe einbezogen werden. Lediglich bei spezialisierten viehlosen Ackerbaubetrieben sind die Möglichkeiten der Kombination mit Fremdenzimmervermietung stark begrenzt.

---

[2] Daher sind die Zahlen, die das Österreichische Statistische Zentralamt seit dem Fremdenverkehrsjahr 1979/80 veröffentlicht, unseres Erachtens nur von sehr begrenztem Aussagewert.

Zum Zwecke einer Operationalisierung wurde beim überwiegenden Typus des grünlandorientierten Betriebes eine untere Größenbegrenzung der selbstbewirtschafteten landwirtschaftlichen Nutzfläche von 1 ha gezogen. Erfahrungsgemäß kommt es erst ab dieser Größenklasse zur Merkmalskombination von Großviehhaltung und Ausbildung eines echten Wirtschaftsgebäudes. Betriebe mit Sonderkulturen (Wein- und Obstbau) können aber auch bereits ab 0,5 ha als landwirtschaftliche Betriebe gelten.

(b) Der *Erholungsanspruch* wird erst erfüllt, wenn der land- und forstwirtschaftliche Betrieb auch Unterkünfte oder Unterkunftsmöglichkeiten (z. B. Gelände für Farmcamping) für erholungssuchende Gäste anbietet. Dabei ist es gleichgültig, ob diese nur mehr oder minder kurzfristig oder in Dauermiete vergeben werden. Unseres Erachtens ist diese Urlaubsform auch unabhängig von der formalrechtlichen Frage der Konzessionierung zu betrachten. Es besteht kein Grund, den konzessionierten, mehr als 10 Betten umfassenden land- und forstwirtschaftlichen Betrieb nicht als bäuerliche Vermietungsform anzusehen. Eine Eingrenzung auf den rein privaten Vermietungssektor würde eine unzulässige Ausgliederung jener Betriebe bedeuten, bei denen die Kombination Landwirtschaft-Fremdenverkehr ein Optimum erreicht (Gleichgewichtsphase) und schließlich problematisch wird (Substitutionsphase). In unserer Untersuchung wurde daher hinsichtlich des Fremdenzimmerangebots nach oben keine Grenze gesetzt.

(c) Der *Erwartungsanspruch* der Gäste kommt in einer sehr klaren und von allen übrigen Vermietungsformen scharf abgehobenen Vorstellung zum Ausdruck (RÖDLING 1974). Neben dem rein physiognomischen Eindruck eines Bauernhofes werden Symbole wie Viehhaltung und landwirtschaftliche Arbeit erwartet. Zumeist wird auch ein besonders enger sozialer Kontakt mit der bäuerlichen Familie gewünscht (RÖDLING 1974, S. 115). Demnach könnte folgende Definition des Begriffes „Urlaub auf dem Bauernhof" zugrunde gelegt werden:

„Urlaub auf dem Bauernhof" ist eine Form der Vermietung an erholungssuchende Gäste, die in enger räumlicher und funktionaler Beziehung zu einem bewirtschafteten land- und forstwirtschaftlichen Betrieb steht.

1.3. Untersuchungsgebiet und Gebietsgliederung

Die vorliegende Untersuchung erstreckt sich auf das Bundesland Niederösterreich. Da die geographische Analyse von Phänomenen immer auf die Herausarbeitung der räumlichen Differenzierung und ihrer Erklärung gerichtet ist, mußte die Aufarbeitung der Daten (vgl. Kap. 1.4.) nicht nur nach strukturellen Klassen vorgenommen werden, sondern auch nach räumlichen Teilgebieten. Die wünschenswerte räumliche Aufschlüsselung nach Gemeinden konnte nicht eingesetzt werden, da auf Grund des Stichprobencharakters der Erhebungen nicht mehr interpretierbare Individualitäten aufgetreten wären. Ein Rückzug auf größere politische Einheiten (Bezirke) erschien nicht sinnvoll, da durch deren Grenzen in vielen Fällen zusammenhängende Fremdenverkehrsregionen zerschnitten werden.

Für die räumliche Gliederung des Datenmaterials wurde daher eine zwischen diesen beiden Extremen liegende eigenständige *Raumgliederung* vorgenommen (Abb. 2), welche unter Berücksichtigung folgender Aspekte erstellt wurde: *Grundprinzip* der räumlichen Gliederung war die naturräumliche Homogenität und die damit zusammenhängende Regionsbildung im Fremdenverkehr. Es wurden daher einheitliche Landschaftsräume zusammengefaßt (Tallandschaften, Hochflächen usw.). Die *Grenzziehung* erfolgt immer entlang von Gemeindegrenzen, sodaß auch andere Erhebungsergebnisse (Fremdenverkehrsstatistik, ÖSTZA) auf unsere Raumgliederung aufgerechnet werden konnten. Die *Raumgliederung* ist hierarchisch aufgebaut, d. h., daß mehrere Ebenen der Raumgliederung bestehen: Niederösterreich wurde zunächst in 6 Großräume gegliedert und jeder von diesen in eine Anzahl von Teilräumen. Die *Namensgebung* für die Groß- und Teilräume erfolgte unter Verwendung charakteristischer und gängiger topographischer Begriffe.

1.4. Materialgrundlagen der Untersuchung

Neben einer Reihe anderer im Literaturverzeichnis angeführter statistischer Unterlagen wurden die Ergebnisse der land- und forstwirtschaftlichen Betriebszählung 1970 (ÖSTZA), welche die einzige derzeit vorliegende Gesamterhebung über die Zimmervermietung auf Bauernhöfen darstellt, die land- und forstwirtschaftliche Betriebszählung 1980 (ÖSTZA), welche jedoch aufgrund eines geänderten Erhebungsmodus kaum vergleichbare Ergebnisse liefert, und die Fremdenver-

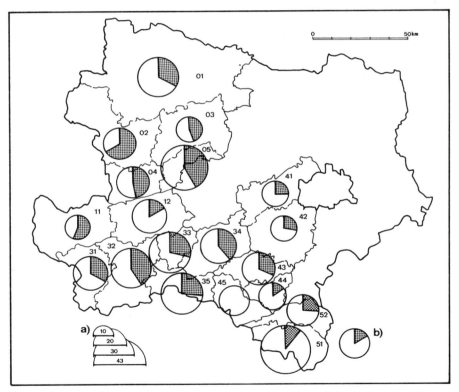

Abbildung 2: Verteilung der erfaßten Vermieterbetriebe auf die Teilräume Niederösterreichs (vgl. Tab. 1)
a) Anzahl der erfaßten Vermieterbetriebe der LLK-NÖ-Erhebung.
b) Anteil der durch die Erhebung 1976 erfaßten Vermieterbetriebe bezogen auf die LLK-NÖ-Erhebung.

kehrsstatistik (Der Fremdenverkehr in Österreich im Jahre 1970, 1976, 1979, ÖST-ZA) verwendet. Ganz besondere Hoffnung setzten die Verfasser auf die Auswertung der Fremdenverkehrsstatistik für das Jahr 1979/80, da durch diese erstmals der Urlaub auf dem Bauernhof gesondert ausgewiesen wird. Im Sinne der hier behandelten Fragestellung und verwendeten Definition des „Urlaubs auf dem Bauernhof" (Kap. 1.2.) ist diese Quelle aber nur sehr beschränkt aussagefähig, da in ihr nur bäuerliche Privatzimmervermieter erfaßt sind und sie außerdem nur für Berichtsge-

Tabelle 1: Gliederung des Untersuchungsgebietes in Groß- und Teilräume und Häufigkeit der erfaßten Betriebe

Großräume	Teilräume	Anzahl der untersuchten Betriebe LLK-NÖ-Erhebung [a]	Erhebung 1976
	01 Waldviertel-Nord	30	10
	02 Hochwaldviertel	18	12
	03 Gföhlerwald	11	5
	04 Waldviertel-Süd	19	9
	05 Wachau	38	16
0 Waldviertel		116	52
	11 Strengberge – Unteres Ybbstal	9	5
	12 Unteres Erlauftal	21	4
1 Alpenvorland		30	9
	31 Oberes Ybbstal	24	8
	32 Oberes Erlauftal	29	12
	33 Pielachtal	31	9
	34 Annaberg	31	8
	35 Traisental	23	9
3 NÖ-Kalkalpen		138	46
	41 Wienerwald-Nord	12	3
	42 Wienerwald-Süd	11	3
	43 Piestingtal	19	6
	44 Puchberg	13	2
	45 Schwarzatal	17	–
4 Alpenostrand		72	14
	51 Hochwechsel	43	11
	52 Bucklige Welt-Nord	19	2
5 Bucklige Welt		62	13
Niederösterreich gesamt		418	134

a Erhebung der Landes-Landwirtschaftskammer Niederösterreich (1975); siehe Text.
Quellen: LLK-NÖ-Erhebung; Erhebung 1976.

meinden vorliegt, sodaß im Waldviertel und Alpenvorland große Lücken bleiben. Sie dürfte auch Betriebe unterhalb eines bestimmten Ausstattungsniveaus, die durchaus der hier verwendeten Definition entsprechen würden, nicht in die Erhebung einbezogen haben [3].

Als Grundlagen der vorliegenden Studie wurden folgende Erhebungen durchgeführt:

(1) *Fragebogen „Ferien auf dem Bauernhof"* der Landes-Landwirtschaftskammer Niederösterreich: Die Bezirksbauernkammern führten bis zum Jahre 1978 im Auftrag der Landes-Landwirtschaftskammer alljährlich eine Erhebung zum Thema „Ferien auf dem Bauernhof" durch. Die Erhebungsbogen des Jahres 1975 wurden den Verfasser von dieser zur Verfügung gestellt. Die Erhebung war inhaltlich auf die Erstellung des Verzeichnisses „Ferien auf dem Bauernhof in Niederösterreich" abgestimmt, sodaß der Fragenkomplex überwiegend Strukturdaten enthält, welche für potentielle Bauernhofurlauber von Interesse sein können. Insgesamt konnten nach Ausscheidung nicht verwertbarer Fragebogen 418 Betriebe mit Urlaub auf dem Bauernhof mittels dieser Informationsquelle in die Untersuchung eingehen [4].

(2) *Fragebogen „Urlaub auf dem Bauernhof in Niederösterreich"*: Da die obige Informationsquelle eine Reihe von Aspekten, welche für die Zielsetzung der Studie notwendig erschienen – insbesondere Angaben über Übernachtungen, Gästestrukturen, Ausbau der Zimmervermietung, Ausstattung, Motivationen, Veränderungen in der Landwirtschaft usw. –, nicht enthielt, wurde im Jahr 1976 wieder mit Unterstützung der Landes-Landwirtschaftskammer für Niederösterreich eine zweite Fragebogenaktion gestartet. Die Fragebogen wurden von dieser an alle in der Erhebung von 1975 erfaßten Betriebe ausgesendet, der postalische Rückfluß erfolgte ebenfalls an die Landes-Landwirtschaftskammer. 134 Fragebogen konnten in die Analyse einbezogen werden, das bedeutet eine Rücklaufquote von 32% [5].

(3) *Zusatzerhebung zum „Urlaub auf dem Bauernhof in Niederösterreich"*: Um eine Reihe von Sonderfragen, die bisher nicht analysiert werden konnten, nachzugehen, wurde 1979 im nördlichen Waldviertel und in der Buckligen Welt bei insgesamt 73 Betrieben eine persönliche Befragung durch Studenten der Wirtschaftsuniversität Wien durchgeführt. Diese richtete sich vor allem auf Fragen nach den aktuellen Entwicklungen der Vermietung, nach Motivationen für die Vermietungsaufnahme, nach Innovationskontakten, nach Vergleichen des Einkommens aus dem Fremdenverkehr mit dem aus der Landwirtschaft, nach Veränderungen durch die Zimmervermietung und besonders nach der Vermietung von Ferienwohnungen [6].

(4) *Auswertungen von Unterlagen einzelner Fremdenverkehrsgemeinden*: Zum Zwecke der Analyse von Einzelfragestellungen wurden in den Gemeinden Aspangberg–St. Peter, Annaberg und Yspertal Sonderauswertungen von Materialien durchgeführt, die bei den Gemeinden auflagen (Gästebuchblätter usw.).

Darüber hinaus wurden während der gesamten Laufzeit des Projektes umfangreiche Beobachtungen und informelle Besprechungen im gesamten Gebiet des Auftretens von „Urlaub auf dem Bauernhof" in Niederösterreich durchgeführt, mit denen background-Informationen zum Fragenkomplex erarbeitet wurden.

---

[3] Zitiert als: Zusatzerhebung 1979.
[4] Zitiert als: LLK-NÖ-Erhebung.
[5] Zitiert als: Erhebung 1976. Herr Prof. Dipl.-Ing. Rudolf WICHA von der Präsidentenkonferenz der Landwirtschaftskammern Österreichs und Herr Dir. Dipl.-Ing. Otto MAHN von der Niederösterreichischen Landeslandwirtschaftskammer haben bei der Durchführung der beiden Fragebogenaktionen wesentliche Hilfestellungen geleistet. Die Verfasser sind ihnen dafür zu großem Dank verpflichtet.
[6] Zitiert als: Zusatzerhebung 1979.

Bei der Bewertung der Exaktheit und der Gültigkeit der Aussagen dieser Studie bezüglich der Gesamtheit des Urlaubs auf dem Bauernhof in Niederösterreich sind folgende Aspekte zu beachten:

(a) Die Auswahl der durch die beiden Befragungen (LLK-NÖ-Erhebung, Erhebung 1976) erfaßten Betriebe konnte aus forschungsökonomischen Gründen nicht nach strengen Stichprobenregeln getroffen werden. Die LLK-NÖ-Erhebung könnte einen überdurchschnittlich hohen Anteil von Betrieben enthalten, welche ihre Zimmervermietung mit viel Initiative betreiben, wenig Stammkunden haben, die Vermietung erst vor kurzem begonnen haben und daher eine Werbung für den Aufbau eines Kundenstockes brauchen usw.; bei dieser Erhebung handelte es sich ja um eine freiwillige Meldung zum Zweck der Werbung! Die Ergebnisse der Auswertungen dieser Unterlagen sind jedoch weitestgehend mit anderen Studien vergleichbar, auftretende Abweichungen lassen sich überwiegend durch die Sondersituation in Niederösterreich erklären. Für die Erhebung 1976 gilt sehr Ähnliches: Die Rücklaufquote von 32% entspricht dem üblichen Durchschnitt von schriftlichen Erhebungen; eine Selektierung könnte durch die nicht exakte Steuerung der Erhebung zu Gunsten jener Betriebe eingetreten sein, die aufgeschlossener sind, die besser geführt sind, wo ein besseres Ausbildungsniveau besteht usw. Generell liegen aber auch hier die Werte im vergleichbaren Rahmen.

(b) Sieht man von der nicht stichprobenexakten Steuerung der Auswahl der Probanden ab, so läßt sich auf Grund der Stichprobenumfänge und der Hochrechnung des Gesamtbestandes an Vermieterbetrieben für 1975/76 mit etwa 4.300 Betrieben in Niederösterreich (vgl. Kap. 2.1., Tab. 3) der Vertrauensbereich für die ermittelten Häufigkeitswerte angegeben [7]. LLK-NÖ-Erhebung: 418 Probanden, Vertrauensbereich bei einer statistischen Sicherheit von 95,44% von ± 4,69%. Erhebung 1976: 134 Probanden, Vertrauensbereich bei einer statistischen Sicherheit von 95,44% von ± 8,5%.

---

[7] Berechnet nach SACHS 1978, S. 265, Formel 4.31.

2. Angebot und Nachfrage – Analyse der räumlichen und wirtschaftlichen Grundlagen

Grundlage der Analyse der Auswirkungen der Integration von Zimmervermietung, Verpflegungsangebot und Gästebetreuung mit dem bäuerlichen Betrieb soll eine Darstellung der Grundstrukturen von Angebot und Nachfrage im Urlaub auf dem Bauernhof sein.

2.1. Umfang und Bedeutung des Urlaubs auf dem Bauernhof in Niederösterreich

Man schätzt, daß in Österreich etwa ein Viertel der Bettenkapazität in landwirtschaftlichen Betrieben angeboten wird. Von den privaten Fremdenzimmern dürften etwa 50% auf Bauernhöfen vermietet werden. 7% aller land- und forstwirtschaftlichen Betriebe vermieten Fremdenzimmer (GREIF 1976, S. 590, vgl. auch Tab. 2).

Tabelle 2: Bedeutung des Urlaubs auf dem Bauernhof in Österreich

Bundesland	A	B	C	D	E	F	G
Burgenland	11.174	38.306	499	1.926	4.044	1,3	36,2
Oberösterreich	87.685	71.459	2.904	11.362	23.860	4,1	27,2
Steiermark	98.444	72.708	3.947	15.668	32.902	5,4	33,4
Salzburg	141.110	13.208	2.927	12.657	26.578	22,2	18,8
Tirol	286.002	23.600	7.502	33.291	69.911	31,8	24,4
Vorarlberg	57.967	9.141	1.721	6.990	14.679	18,8	25,3
Kärnten	183.285	30.449	4.261	21.810	45.801	14,0	25,0
Wien	60.315	2.083	14	94	197	0,7	0,3
Niederösterr.	70.703	101.262	2.499	9.788	20.555	2,5	29,1
Österreich	996.685	367.738	26.247	113.586	238.531	7,1	23,9

A: Gesamtzahl der Fremdenbetten (Der Fremdenverkehr in Österreich im Jahre 1970).

B: Gesamtzahl der land- und forstwirtschaftlichen Betriebe (Ergeb. d. land- und forstwirtschaftl. Betriebszählung 1970).

C: Anzahl der land- und forstwirtschaftlichen Betriebe mit Fremdenzimmern (Quelle wie bei B).

D: Anzahl der Fremdenzimmer in land- und forstwirtschaftlichen Betrieben (Quelle wie bei B).

E: Bettenanzahl in land- und forstwirtschaftlichen Betrieben (Anzahl der Zimmer mal 2,1 Betten pro Zimmer).

F: Anteil der land- und forstwirtschaftlichen Betriebe mit Fremdenzimmern (C) an der Gesamtzahl der land- und forstwirtschaftlichen Betriebe (B).

G: Anteil der Betten in land- und forstwirtschaftlichen Betrieben an der Gesamtzahl der Fremdenbetten.

In Niederösterreich vermieteten 1970 2.499 land- und forstwirtschaftliche Betriebe Fremdenzimmer mit etwa 20.500 Betten in 9.790 Zimmern. Der Anteil der Vermieterbetriebe an den land- und forstwirtschaftlichen Betrieben betrug 2,5%, der Anteil am gesamten Fremdenverkehr — gemessen an der Bettenzahl — 29%.

Gemessen an der Bedeutung der bäuerlichen Zimmervermietung innerhalb des gesamten Fremdenverkehrs gehört Niederösterreich zu jenen Bundesländern Ostösterreichs, wo diese überdurchschnittlich hoch ist. Im Westen Österreichs ist sie infolge des höheren Entwicklungsstandes des Fremdenverkehrs wesentlich geringer. Gemessen an der Bedeutung der Nebenerwerbsform „Zimmervermietung" im Rahmen der Landwirtschaft ist Niederösterreich ebenfalls ein typischer Vertreter der östlichen Bundesländer, in denen der Anteil der Vermieterbetriebe an allen land- und forstwirtschaftlichen Betrieben unterdurchschnittlich gering ist. Auf Grund der Lage Niederösterreichs weist dieses Bundesland gemeinsam mit der Steiermark und dem Burgenland die Besonderheit auf, daß der Anteil der Wiener an den Bauernhofgästen sehr hoch ist und damit Besonderheiten dieser Gästeschicht auf die Struktur des Urlaubs auf dem Bauernhof durchschlagen (hoher Anteil älterer Gästeschichten, hohe Anteile von Arbeitern und anderen nachfrageschwachen Gruppen usw.; vgl. auch Kap. 2.3.1.). Eine wesentliche Besonderheit ist weiters die Tatsache, daß sich diese Nebenerwerbs- und Vermietungsform in größerem Umfang mit einer deutlichen Verzögerung gegenüber dem Westen Österreichs herausgebildet hat. In den meisten Gebieten Niederösterreichs befindet sich daher der Urlaub auf dem Bauernhof in einem noch nicht abgeschlossenen Entwicklungsprozeß.

2.1.1. Verbreitungsmuster und naturräumliches Eignungspotential

So geringe Anforderungen der Urlaub auf dem Bauernhof an die Fremdenverkehrsinfrastruktur stellt, so bedeutend sind für seine räumliche Entwicklung die naturräumlichen Voraussetzungen. Zwischen dem natürlichen Freizeitpotential und dem Raummuster der bäuerlichen Vermietung, gemessen an der absoluten Zahl der Vermieterbetriebe bzw. Fremdenbetten oder dem Anteil der Vermieterbetriebe an allen landwirtschaftlichen Betrieben, besteht ein deutlicher Zusammenhang (Abb. 3 und 4).

Weitaus die höchsten Intensitätswerte besitzen die Bucklige Welt und die NÖ-Kalkalpen. Beides sind Gebiete mit größerer Reliefenergie und damit Eignung für den Wintersport, großer Landschaftsvielfalt und dominierender Wald-Grünlandwirtschaft. Das traditionelle Fremdenverkehrsgebiet der *Buckligen Welt,* in dem sich, begünstigt durch die Aspangbahn, der Fremdenverkehr bereits seit dem 19. Jahrhundert entwickelte, hat eine besonders starke Durchdringung der Landwirtschaft mit Vermieterbetrieben erfahren. Die breiten kristallinen Rücken der Buckligen Welt mit Hochflächen in 700—900 m Höhe steigen im Hochwechsel auf mehr als 1.700 m an und bieten zusammen mit dem Streusiedlungsraum der Haufen- und Paarhöfe ausgezeichnete Vorbedingungen für den Urlaub auf dem Bauernhof.

Eine noch stärkere Vielfalt der Formen bieten die *NÖ-Kalkalpen:* Tief eingeschnittene, teilweise schluchtartig ausgebildete Täler (Tormäuer), steile Kalkgipfel und Plateaus, die bis zu 1.900 m Höhe erreichen (Ötscher), und starke Reliefenergie. Einzelne in Becken eingelagerte Seen (Lunzer See, Erlaufsee) erhöhen den Erlebnis- und Freizeitwert dieses Raumes. Der Großraum *Alpenostrand* ist in seiner natürlichen Ausstattung stärker differenziert, wobei das naturräumliche Fremdenverkehrspotential von S nach N abnimmt. Dies kommt sehr deutlich in den immer geringer werdenden Anteilen der Vermieterbetriebe an den land- und forstwirtschaftlichen Gesamtbetrieben zum Ausdruck (Abb. 3): Der Südteil entspricht in seiner

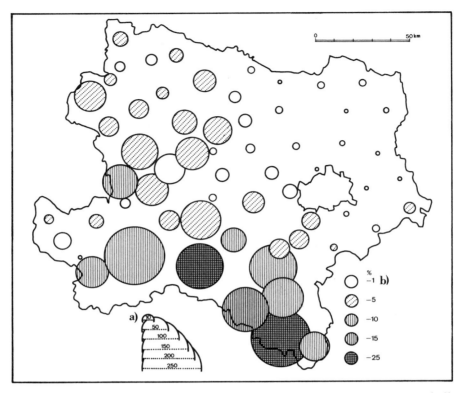

Abbildung 3: Bedeutung der Nebenerwerbsform „Zimmervermietung" innerhalb der Land- und Forstwirtschaft Niederösterreichs (dargestellt nach Gerichtsbezirken)

a) Anzahl der Vermieterbetriebe.
b) Anteil der Vermieterbetriebe an allen land- und forstwirtschaftlichen Betrieben.
Quelle: Ergebnisse der land- und forstw. Betriebszählung 1970.

Attraktivität weitgehend dem Großraum der NÖ-Kalkalpen. Hier erheben sich die steilwandigen Kalkstöcke des Schneebergs und der Rax auf mehr als 2.000 m und bilden damit die höchsten Erhebungen Niederösterreichs. Nach N sinken die absoluten Höhen in den Kalkvoralpen rasch ab, um in der *Flyschlandschaft* des Wienerwaldes in ein sanft welliges Bergland mit Höhen unter 900 m überzugehen. Während die Bauernhöfe in den Kalkhoch- und Kalkvoralpen und im östlichen Wienerwald in den Tälern liegen, werden die breiten Rücken und Kuppen des westlichen Wienerwaldes von Streusiedlungen mit Dreiseithöfen eingenommen. Begünstigt durch die Nähe zu Wien und den für eine Auslastung von gewerblichen Betrieben zu geringen Erholungswert des Wienerwaldes wird Urlaub auf dem Bauernhof hier zur wichtigsten Beherbergungsform (Abb. 4).

Im *Waldviertel* sind nur der höher gelegene, stärker reliefierte Süd- und Südwestteil, insbesondere der Traditionsraum des Yspertales, durch etwas größere Bedeutung der bäuerlichen Zimmervermietung gekennzeichnet. Im Freiwald, Weins-

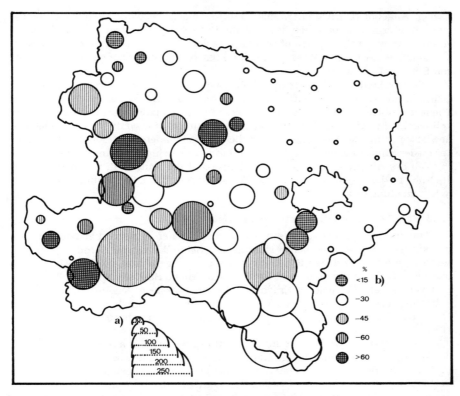

Abbildung 4: Verbreitung des Urlaubs auf dem Bauernhof und seine Bedeutung innerhalb des niederösterreichischen Fremdenverkehrs (dargestellt nach Gerichtsbezirken)

a) Anzahl der Vermieterbetriebe.
b) Anteil der Bauernhofbetten am gesamten Bettenangebot.
Quelle: Ergebnisse der land- und forstw. Betriebszählung 1970.

berger Wald und Ostrong werden Höhen von knapp über 1000 m erreicht, sodaß auch die Möglichkeit für die Entwicklung einer Wintersaison gegeben ist. Weiter nördlich überwiegt zunehmend der Charakter der 400–700 m hohen, flachwelligen Rumpflandschaft mit sanften Quellmulden und steil eingesenktem Mittel- und Unterlauf der größeren Flüsse (Thaya, Kamp, Krems). Im Raume Gmünd–Heidenreichstein–Litschau erhöhen zahlreiche Teiche, die ursprünglich für die Fischzucht angelegt wurden, die Attraktivität während des Sommers. Auf der gesamten Hochfläche des Granit- und Gneisplateaus des Waldviertels hat sich der Fremdenverkehr bisher vornehmlich durch eine starke Ausbreitung des Zweitwohnsitzes entwickelt. Weniger als 5% aller land- und forstwirtschaftlichen Betriebe haben hier die Fremdenzimmervermietung aufgenommen. Sie stellen aber die wichtigste Vermietungsform in dem touristisch wenig erschlossenen Gebiet dar.

Dagegen tritt die Bedeutung des Urlaubs auf dem Bauernhof, gemessen am Gesamtbettenangebot, in der Donauengtalstrecke der *Wachau* deutlich zurück. Wenn auch der verbreitete Wein- und Obstbau, zusammen mit einem reichen kulturhistorischen Angebot (Dürnstein, Krems, Melk) eine sehr reizvolle Fremdenverkehrslandschaft ergibt, so bestehen doch für die Entwicklung der bäuerlichen Zimmervermietung wesentliche Hemmfaktoren, die vornehmlich in der begrenzten Ausbaufähigkeit der kleinen Winzerhöfe, der intensiven Landnutzung und dem Fehlen von Einzelhöfen liegen.

Die bescheidenste Entwicklung der bäuerlichen Zimmervermietung erfolgte bisher in den Hügellandschaften des Alpenvorlandes und Weinviertels und in der Ebene des Wiener Beckens. Intensive ackerbauliche Nutzung, geringe Reliefenergie und wenig abwechslungsreiche Landformung, zudem eine weitverbreitete viehlose Bewirtschaftung der Höfe, stellen hier die entscheidenden Barrieren dar. Lediglich der niederschlagsreichere und damit grünland- und viehhaltungsintensivere westliche Teil des Alpenvorlandes zwischen Enns- und Traisental hat, begünstigt durch die Nähe zu den großen Leitlinien des Verkehrs (Autobahn, Westbahn), eine stärkere Entwicklung erfahren.

2.1.2. Schätzung der Vermietungskapazität

Die durch die bäuerliche Vermietung geschaffenen Angebotskapazitäten können auf Grund des vorhandenen statistischen Sekundärmaterials und der von den Verfassern durchgeführten Erhebungen nur grob abgeschätzt werden. Als Schätzbasis wurde dabei die land- und forstwirtschaftliche Betriebszählung 1970 (ÖSTZA) verwendet, die unseres Erachtens die zuverlässigste Quelle darstellt [8]. Die Schätzung (Tab. 3) geht daher von einer Anzahl der Vermieterbetriebe im Jahre 1970 von 2.499 aus (Ergebnisse der land- und forstwirtschaftl. Betriebszählung 1970, ÖSTZA).

Nimmt man die Werte über die Entwicklung des Urlaubs auf dem Bauernhof in den siebziger Jahren vorweg (vgl. Kap. 3.1.), so zeigt sich, daß im Zeitraum 1970 bis 1976 42% der Betriebe die Vermietung neu aufgenommen haben und damit 38% des Bettenbestandes in dieser Zeit geschaffen wurden. Überträgt man diese Entwicklungswerte auf die Ausgangsdaten von 1970 (Erg. d. land- und forstwirtschaftl. Betriebszählung 1970, vgl. auch Tab. 3), so ergibt sich, daß etwa 4.300 bäuerliche Vermieterbetriebe bestanden, das sind 5% aller Betriebe (geschätzte Anzahl der land- und forstwirtschaftl. Betriebe 1976: 90.000). Die Bedeutung innerhalb des niederösterreichischen Fremdenverkehrs ist wegen der Unschärfe, welche durch die Beschränkung der Fremdenverkehrsstatistik auf Berichtsgemeinden entsteht, weniger exakt abzuschätzen. Der Anteil der bäuerlichen Vermieter an allen Fremdenverkehrsbetrieben dürfte in Niederösterreich etwa 50% ausmachen (rein rechnerisch ergibt sich ein Wert von 78%), ihr Anteil am Bettenangebot dürfte 35–40% betragen (rein rechnerisch 48%).

2.2. Spezifische Grundlagen und Strukturen des Angebots

Mit der Entwicklung diversifizierter Angebote werden in der Wirtschaft unterschiedliche Nachfragesegmente befriedigt. Im Bereiche des Fremdenverkehrs ist der Urlaub auf dem Bauernhof sichtlich eine solches Angebotssegment, das eine ganz spezifische Nachfrage zu decken hat. In praktisch allen Analysen über den Urlaub auf dem Bauernhof kommt zum Ausdruck, daß Nachfrageschichten mit cha-

---

[8] Wie oben bereits angeführt, können weder die land- und forstwirtschaftliche Betriebszählung 1980 noch die Ergebnisse der Fremdenverkehrsstatistik 1979/80 einen vergleichbaren Repräsentationsgrad erreichen. So ergab eine Stichprobenauswertung von 16 Repräsentativgemeinden der land- und forstwirtschaftlichen Betriebszählung 1980 1220 Fremdenzimmer auf Bauernhöfen, während 1970 bereits 1512 festgestellt worden waren. Noch stärker differieren die Ergebnisse der Fremdenverkehrsstatistik 1980, die nur den privaten Sektor erfaßt.

Tabelle 3: Schätzung des tatsächlichen Ausmaßes und der Bedeutung
der bäuerlichen Zimmervermietung in Niederösterreich

Gebiete	A	B	C	D	E	F	G	H	I	J
0	808	49	36	73,5	1.099	6.292	511	360	70,5	8.925
1	147	9	6	66,7	220	827	122	103	84,4	980
3	656	39	18	46,2	1.420	5.273	486	243	50,0	10.546
4	431	13	4	30,8	1.399	4.303	151	52	34,4	12.509
5	457	11	6	54,4	839	3.507	161	120	74,5	4.707
NÖ ø	2.499	121	70	57,9	4.316	20.202	1.431	878	61,4	32.902
Summe der Schätzungen nach den einzelnen Teilgebieten [a]					4.977					37.667

A: Anzahl der Vermieterbetriebe 1970 (Erg. d. land- und forstwirtsch. Betriebszählung 1970).
B: Anzahl der bäuerlichen Vermieter 1976 (Erhebung 1976).
C: Anzahl der bäuerlichen Vermieter 1970 (Erhebung 1976).
D: Anteil der bäuerlichen Vermieter mit Vermietungsbeginn bis 1970 (Erhebung 1976).
E: Schätzung der Anzahl der Vermietungsbetriebe für 1976.
F: Anzahl der Betten in bäuerlichen Vermieterbetrieben (Erg. d. land- und forstwirt. Betriebszählung 1970, Anzahl der Zimmer mal 2,1 Betten je Zimmer).
G: Anzahl der Betten in bäuerlichen Vermieterbetrieben 1976 (Erhebung 1976).
H: Anzahl der Betten in bäuerlichen Vermieterbetrieben 1970 (Erhebung 1976).
I: Anteil der Betten in bäuerlichen Vermieterbetrieben mit Vermietungsbeginn bis 1970 (Erhebung 1976).
J: Schätzung der Bettenanzahl in bäuerlichen Vermieterbetrieben für 1976.

[a] Die Übertragung von Entwicklungsraten von einer Erhebungsmasse auf eine andere ist nicht neutral bezüglich der Ausgangsmassen. Daher stimmen die Summe der Schätzungen für die einzelnen Teilgebiete und die Schätzung auf der Basis der Summenwerte für ganz Niederösterreich nicht überein. Beide Größen können aber dazu dienen, den Schwankungsbereich der vorgenommenen Schätzung zu verdeutlichen. Bei weiteren Verwendungen dieser Schätzergebnisse wird der niedrigere Wert zugrunde gelegt.

rakteristischen Merkmalen und Erwartungen angesprochen werden (vgl. RÖDLING I 1974; PEVETZ 1978; und auch Kap. 2.3. in dieser Studie).

Die Besonderheiten des Urlaubs auf dem Bauernhof beruhen einerseits auf den Möglichkeiten einer Inwertsetzung der Lage der Vermieterbetriebe im Natur- und Kulturraum. Diese Einbettung in die Gegebenheiten und Chancen der Standortlandschaft bezeichnen wir als externe Grundlagen des Urlaubs auf dem Bauernhof. Andererseits liegen die wesentlich wichtigeren Besonderheiten innerhalb der Vermieterbetriebe selbst. Die Gegebenheiten und Chancen, welche sich durch die institutionelle, organisatorische, personelle und räumliche Integration mit dem landwirtschaftlichen Betrieb, seinen Gebäuden, Anlagen und Nutzflächen aber auch mit der bäuerlichen Familie ergeben, und die auf dem Bauernhof geschaffenen Vermietungs- und Verpflegseinrichtungen werden daher als interne Grundlagen der bäuerlichen Vermietung bezeichnet.

2.2.1. Externe Grundlagen — Die fremdenverkehrsrelevanten Lagebedingungen

Die Gäste bäuerlicher Vermieterbetriebe wählen ihren Urlaubsort auf Grund verschiedenster Aspekte: Ein sehr wesentlicher Aspekt ist jener des Urlaubsimages der Standortlandschaft von Vermieterbetrieben, sodaß bestimmte Landschaftscharaktere (vgl. RÖDLING I 1974, S. 28—36), wie Mittelgebirge, Hochgebirge, Ausstattung mit Gewässern oder eine gepflegte Kulturlandschaft, in den Erwartungen sehr weit vorne liegen. Die Standortlandschaft braucht aber auch erreichbare Ausstattungen mit Fremdenverkehrseinrichtungen zur Gestaltung des Urlaubsaufenthaltes (Wanderwege, Schwimmbäder, Spiel- und Sporteinrichtungen, Liftanlagen usw.; vgl. PEVETZ 1978, S. 44, EISELT 1976, S. 37—43 u. a.).

2.2.1.1. Verkehrslage

Der bäuerliche Vermieterbetrieb vermag die externen Grundlagen seiner Standortlandschaft nur dann auszunützen, wenn die Erreichbarkeiten dieser Grundlagen vom Vermieterbetrieb aus günstig sind. Wichtig ist also die regionale und örtliche Verkehrslage innerhalb der jeweiligen Urlaubsregionen [9]. Die überregionale Verkehrsanbindung ist in diesem Rahmen nicht von Bedeutung; sie ist ein Kriterium, das auf die Herkunft der Bauernhofgäste einen Einfluß hat.

Alle Vermieterbetriebe verfügen in Niederösterreich über eine Pkw-befahrbare, wintersichere Zufahrt [10]. Im Rahmen der Entwicklung des Pkw-Tourismus scheint diese ganzjährige Erreichbarkeit eine unabdingbare Voraussetzung geworden zu sein. Zu einem wesentlichen Teil hängt diese gute Erschließung der Höfe aber auch mit den Notwendigkeiten der Mechanisierung und Motorisierung in der Landwirtschaft zusammen. Für die Bauernhofurlauber ist diese Pkw-Erreichbarkeit wichtig für die Gestaltung der Anreise und des Aufenthaltes und somit ein wesentliches Imagemerkmal für den Pkw-mobilen Urlauber [11].

Nur 7% der Bauernhofgäste benutzen überwiegend Bahn oder Bus zur Anreise (RÖDLING II 1974, S. 51). Dennoch dürfte unter besonderen Bedingungen die fußläufige Distanz der Vermieterbetriebe zu Haltestellen öffentlicher Verkehrsmittel eine wesentliche Erhöhung des Nachfragepotentials ohne den zusätzlichen Aufwand der Abholung der Gäste durch den Vermieter bedeuten. Das ist besonders in jenen Fällen wichtig, wo ein älteres, nicht Pkw-benutzendes Publikum dominiert, was beim Urlaub auf dem Bauernhof relativ häufig der Fall ist [12]. Nur 3% aller Betriebe liegen im Bereich von 250 m Distanz zur nächsten Haltestelle eines öffentlichen Verkehrsmittels, 10% im Bereich von 500 m Distanz.

Da die Pkw-Zufahrt praktisch überall möglich ist, wird die Distanz zur nächsten Hauptverkehrsstraße zu einem wesentlichen differenzierenden Merkmal der Lage der Vermieterbetriebe (Tab. 4): Die Lage direkt an solchen Hauptverkehrsstraßen kann sich durch Lärmbelästigung und vor allem durch die Gefahr für frei spielende Kinder negativ auswirken. Es sind allerdings nur 7% der Betriebe von diesen Nachteilen betroffen. Günstig hingegen wirkt sich die Lage in „Sichtnähe" zur Hauptverkehrsstraße (bis 250 m) aus, da dadurch eine direkte Anwerbung von Gästen mittels Werbetafeln möglich wird (laut NÖ-Privatzimmervermietungsgesetz

---

[9] Die LLK-NÖ-Erhebungsbogen bieten eine Reihe von Indikatoren zur Erfassung der Inwertsetzungsmöglichkeiten dieser Lagebedingungen: Einzelhoflage, Lage zum nächsten Ort, Distanzen zu Fremdenverkehrseinrichtungen wie Gasthaus, Schwimmbad, Liftanlagen, Höhenlage der Betriebe.
[10] SCHWEMBERGER/HOLLER, S. 23: 95% der Betriebe verfügen über eine wintersichere Zufahrt.
[11] EISELT 1976, S. 33: Bei der Anreise benützen 89% einen Pkw, 2% sind Pkw-Mitfahrer und 9% benützen öffentliche Verkehrsmittel; RÖDLING II 1974, S. 51: 60% benützen vorwiegend Pkw, 33% ausschließlich.
[12] PEVETZ 1978, S. 26: 35% der Gäste sind über 50 Jahre alt, in der Vor- und Nachsaison macht ihr Anteil sogar 62% aus, vgl. auch Kap. 2.3. dieser Untersuchung.

dürfen solche Hinweise nur auf eigenem Grund aufgestellt werden) und auch spontane Aufenthaltsentscheidungen vorbeifahrender potentieller Gäste erwartet werden können. Der Anteil der Bauernhofurlauber, die ohne Vorbestellung Quartier nehmen, beträgt allerdings nur 2% (EISELT 1976, S. 46). 23% aller Betriebe liegen in einer solchen „Sichtlage" und doch nicht direkt an der Hauptverkehrsstraße. Im Bereich der Wachau und in den Tallandschaften des Alpenostrandes (Triesting-, Piesting- und Schwarzatal) treten überdurchschnittliche Werte dieser „Sichtlage" auf, welche durch die räumliche Beschränkung des Siedlungsraumes auf die Tallandschaften, in denen auch die Hauptverkehrsstraßen verlaufen, bedingt sind. Mit der Nähe zur Hauptverkehrsstraße und zu Durchzugsrouten ergibt sich aber auch der betriebswirtschaftliche Nachteil einer Verringerung der durchschnittlichen Aufenthaltsdauer, ein Zusammenhang, der aus zahlreichen Fremdenverkehrsanalysen belegt ist und auch für den Urlaub auf dem Bauernhof gilt (SCHULZ-BORCK/TIEDE 1973, S. 16).

Bei größerer Distanz zu den Hauptverkehrsstraßen können die größere Ruhe und der ungestörte Freiraum als Image der Vermieterbetriebe ausgenützt werden. In diese Lagekategorie fallen immerhin 71% der Betriebe.

Tabelle 4: Verkehrslage der Vermieterbetriebe in Niederösterreich

Anteil der Betriebe mit ... in %	Großräume					NÖ ø	Betriebe
	0	1	3	4	5		
Distanz zur Hauptverkehrsstraße							
– Direktlage	12,1	3,3	3,9	6,9	3,2	6,6	27
– bis 250 m	23,3	13,3	18,6	30,6	24,2	22,5	92
Distanz zur Haltestelle öffentlicher Verkehrsmittel bis 250 m	2,6	0,0	1,5	5,6	6,5	3,1	13

Quelle: LLK-NÖ-Erhebung.

2.2.1.2. Erreichbarkeit touristischer Infrastruktur

Das mittels der Verkehrsanlagen von den Vermieterbetrieben aus erreichbare Angebot an Fremdenverkehrseinrichtungen teilt der Urlaub auf dem Bauernhof mit dem allgemeinen Fremdenverkehr der jeweiligen Urlaubsregion. Von einer Darstellung der allgemeinen Grundlagen des Fremdenverkehrs in den Teilräumen Niederösterreichs sei hier abgesehen (vgl. Fremdenverkehr, Landesentwicklungskonzept Niederösterreich 1970, S. 61–65). Es soll hier jedoch die Frage gestellt werden, ob der Urlaub auf dem Bauernhof aus diesen Potentialen Vorteile zu ziehen vermag und in welchem Ausmaß. Die Erwartungen der Bauernhofurlauber richten sich auf eine Reihe besonderer Lageaspekte und Erreichbarkeiten: Einzelhoflage, Ruhelage, Lage in attraktiven und gepflegten Kulturlandschaften mit attraktiven fremdenverkehrsrelevanten Naturpotentialen (Wasser, Wald, Berge, Vielfältigkeit usw.), gute Erreichbarkeit von Fremdenverkehrseinrichtungen im nächsten Ort, innerhalb der jeweiligen Urlaubsregion (Spiel- und Sportanlagen, Unterhaltungsmöglichkeiten, Verpflegseinrichtungen, Lifte usw.)[13]

Ein beträchtlicher Teil der Fremdenverkehrseinrichtungen und der Möglichkeiten der Urlaubsgestaltung korreliert in seiner räumlichen Verteilung mit der Verteilung der größeren Orte, insbesondere der Gemeindehauptorte. Die Lage der Vermieterbetriebe zum nächsten Ort ist damit bereits eine wesentliche Aussage über die Erreichbarkeit solcher Einrichtungen (Abb. 5).

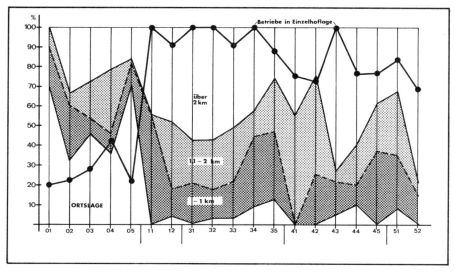

Abbildung 5: Einzelhoflage und Distanzen der Vermieterbetriebe zum nächsten Ort in den Teilräumen Niederösterreichs (vgl. Tab. 1)

Quelle: LLK-NÖ-Erhebung.

20% der Vermieterbetriebe liegen im Ort (Sammelsiedlungslage). Im Waldviertel, insbesondere in den Teilgebieten Waldviertel-Nord (70%) und in der Wachau (71%), dominiert diese Sammelsiedlungslage. Auch die nachteilige Lage der Vermieterbetriebe in großer Ortferne (über 5 km) ist hier gering vertreten. In den übrigen Teilen Niederösterreichs befinden sich ein hoher, in manchen Teilgebieten der überwiegende Anteil der Vermieterbetriebe in großer Ortferne. Besonders stark ist die Ortferne im Oberen Ybbs- und Erlauftalgebiet, im Piestingtal und in der Buckligen Welt-Nord anzutreffen. Diese große Ortferne bedeutet für die Vermieterbetriebe einen Attraktivitätsnachteil, weil damit für die Urlauber die Fremdenverkehrsfolgeeinrichtungen nur erschwert erreichbar sind. Am günstigsten mit Rücksicht auf die Urlauberwünsche dürften jene Betriebe sein, die nicht direkt im Ort liegen, jedoch in annehmbaren Entfernungen zu diesem.

Die Nähe eines Gasthauses oder eines Restaurants ist für die Urlaubsgäste nur dann von zwingender Bedeutung, wenn vom Vermieterbetrieb keine oder nur Teilverpflegung angeboten wird oder diese sich nicht selbst verpflegen wollen oder können; in Niederösterreich bieten 7% der Betriebe keine Verpflegung an, 62% nur

---

[13] Markierte Wanderwege wünschen sich 40% der Urlauber, ein Freibad 31%, ein Hallenbad 23%, Volksmusikveranstaltungen 20%, Wander- und Bergführungen 19% (PEVETZ 1978, S. 44, vgl. auch: RÖDLING I 1974, S. 100–133, SCHWEMBERGER/HOLLER, S. 23–29).

Frühstück, allerdings bieten 70% die Möglichkeit der Küchenbenutzung. Für den Vermieterbetrieb selbst ist als kritische Distanz jene von mehr als 1 km wichtig, da ab dieser Distanz ein erweitertes Verpflegungsangebot durch den Privatzimmervermieter erlaubt ist (NÖ-Privatzimmervermietungsgesetz, LGBl. 7040−0). 57% aller Vermieterbetriebe liegen innerhalb einer Distanz zum nächsten Gasthaus von 1 km, sodaß sie rechtlich gesehen einer Beschränkung ihres Verpflegsangebotes unterliegen.

Schwimmbäder sind ein zweites Beispiel von Fremdenverkehrseinrichtungen mit deutlicher Korrelation zur Ortslage und hoher Nachfrageintensität [14]. Der leichten, möglichst fußläufigen Erreichbarkeit (bis 500 m) von Schwimmbädern kommt daher eine besondere Bedeutung zu. In Niederösterreich können allerdings nur 10% eine solche Attraktion ausnützen (Distanzen bis 500 m), während 81% der Vermieterbetriebe mehr als 5 km vom nächsten Schwimmbad entfernt sind. Das Waldviertel ist hier durch die starke Sammelsiedlungslage der Vermieterbetriebe im Vorteil, 16% der Betriebe haben ein Schwimmbad in einer Distanz bis 500 m.

Völlig andere Verhältnisse herrschen bei Fremdenverkehrseinrichtungen, welche an besondere Naturbedingungen gebunden sind (natürliche Wasserflächen, Wintersportanlagen). Die Distanzen und Nutzungsmöglichkeiten ergeben sich aus den regionalen Lageverhältnissen von Vermieterbetrieben zu nutzbaren Naturräumen.

In Niederösterreich bestehen bezüglich der Nutzung natürlicher Voraussetzungen für den Wassersport nur sehr bescheidene und regional beschränkte Möglichkeiten (Donaustaustufen, Kampstaustufen, Lunzer See, Erlaufsee, Fischteiche im Waldviertel, Baggerseen im Wiener Becken; die übrigen Flüsse sind nur in einen äußerst geringen Maß als solche Potentiale anzusehen − sie sind meist nur zusätzliche Elemente der Landschaftsvielfalt). Dies ist für den Fremdenverkehr allgemein und damit auch für den Urlaub auf dem Bauernhof ein wesentlicher Nachteil, da insbesondere beim Sommerurlaub das Element Wasser eine sehr beträchtliche Rolle spielt [15].

Wesentlich günstiger − im Vergleich zu anderen Bundesländern allerdings auch bescheiden − sind die Möglichkeiten der Nutzung bestimmter Teilgebiete für den Wintersport. Dies ist für den Urlaub auf dem Bauernhof in Niederösterreich insbesondere wegen des Aufbaus einer zweiten Saison und der Verbesserungen der Auslastung wichtig (vgl. Kap. 3.2.).

Auf Grund der Höhenlagen der Vermieterbetriebe selbst (Abb. 6) bzw. der näheren Umgebung weisen nur das Hochwaldviertel (Nebelstein), das Waldviertel-Süd (Bärenkopf), das Gebiet der NÖ-Kalkalpen, die südlichen Abschnitte des Alpenostrandes und die Bucklige Welt günstige natürliche Voraussetzungen mit Schneesicherheit und ausreichender Reliefenergie auf. Die Erreichbarkeit dieser Gebiete, insbesondere der dort installierten Liftanlagen und Loipen, wird für den Vermieterbetrieb eine wichtige Grundlage, obwohl der Urlaub auf dem Bauernhof praktisch nicht primär mit dem Wintersport motiviert wird.

Die besondere Gunstlage einer unmittelbaren Nähe von Liftanlagen (bis 1000 m) weisen nur wenige Betriebe auf (3% liegen in der Nähe einer Gondelbahn, 17% bei einer Liftanlage). Günstig sind die Erreichbarkeiten von Liftanlagen und Gondelbahnen von Vermieterbetrieben aus im Unteren Ybbstal, in Annaberg, im Traisental (Lilienfeld) und besonders in der Umgebung von Schneeberg, Rax, Hochwechsel.

---

[14] PEVETZ 1978, S. 44 und 45: 31% der Urlauber wünschen sich ein Freibad, 16,8% möchten dieses sogar am Bauernhof selbst haben!
[15] RÖDLING I 1974, S. 30: Nur 4% berücksichtigen das Element Wasser bei der Urlaubsplanung nicht!

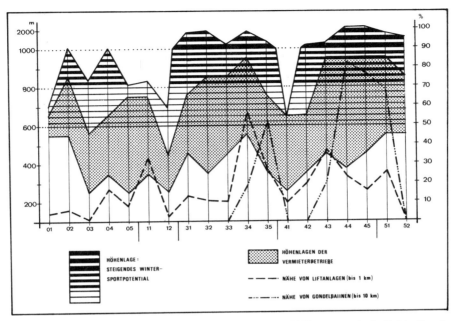

Abbildung 6: Höhenlagen der Vermieterbetriebe und Wintersportmöglichkeiten in den Teilräumen Niederösterreichs (vgl. Tab. 1)
Quelle: LLK-NÖ-Erhebung.

2.2.2. Interne Grundlagen — Der bäuerliche Betrieb und seine Fremdenverkehrseinrichtungen

Für den Urlaub auf dem Bauernhof ist im Gegensatz zu den meisten anderen Bereichen des Fremdenverkehrs der Vermieterbetrieb selbst auf Grund seiner Besonderheiten durch die Integration mit dem bäuerlichen Betrieb das touristische Vordergrundelement, während die Urlaubsregion mit ihrer Ausstattung und Attraktivität zum touristischen Hintergrundelement wird. Das heißt, daß die Entscheidung für den Urlaub auf dem Bauernhof zunächst einmal auf Grund interner Besonderheiten der Vermieterbetriebe (Integration der Vermietung in den landwirtschaftlichen Betrieb, „bäuerliches Angebot") getroffen wird [16].

2.2.2.1. Der bäuerliche Betrieb als Vermietungsgrundlage

Die Verbindung der Vermietung mit dem bäuerlichen Betrieb ist das spezifische Charakteristikum des Urlaubs auf dem Bauernhof, mit dem besondere Erwartungen von Urlaubern angesprochen werden und das in ganz spezifischer Weise werblich umgesetzt werden kann. Es stellt sich also die Frage, welche spezifischen Grundlagen durch diese Verknüpfung (organisatorisch, personell, räumlich) für einen Betrieb mit Urlaub auf dem Bauernhof entstehen? Es geht hier vor allem um die Korrelation zwischen Strukturmerkmalen der Landwirtschaft bäuerlicher Vermieterbetriebe und der Betätigung als Vermieter.

---

[16] Vom „idealen Bauernhof" erwartet man sich Ruhe und Abgeschiedenheit, preisgünstiges Angebot, Vorteile für Kinder, einfaches gesundes Leben, Mitarbeit auf dem Bauernhof (RÖDLING I 1974, S. 81–93, S. 100–135, ebenso SCHWEMBERGER/HOLLER, S. 23–29).

Das äußere Erscheinungsbild des Bauernhofes soll in den Vorstellungen der Urlauber folgende Merkmale aufweisen: der Landschaft angepaßtes altes Gehöft, Ausstattung mit Stall und Scheune, umgeben von Garten und Wiese, der Hof soll „mitten in der Landschaft" liegen (RÖDLING I 1974, S. 100 und 101).

Das Merkmal der Lage „mitten in der Landschaft" läßt sich am besten durch die Einzelhoflage beschreiben: Diese bedeutet für den Vermieterbetrieb einen werblich bedeutsamen Ruhevorteil und ermöglicht dem Gast einen weitgehend unbeschränkten Freiraum in der näheren Umgebung des Hofes. Die Häufigkeit der Einzelhoflage (Abb. 5) wird im wesentlichen durch die Siedlungsweise in den einzelnen Teilregionen bestimmt. In Niederösterreich finden sich 70% der Vermieterbetriebe in Einzelhoflage. Im Waldviertel liegen diese Werte deutlich unter dem Durchschnitt (25%), in den übrigen Gebieten fast durchwegs darüber. In manchen Gebieten weisen alle Vermieterbetriebe Einzelhoflage auf (z. B.: Annaberg, Piestingtal usw.).

2.2.2.1.1. Landwirtschaftliche Betriebsgröße

Die landwirtschaftliche Betriebsgröße der Vermieterbetriebe (gemessen an der Gesamtbetriebsfläche) zeigt ein deutliches Schwergewicht bei den mittleren Betriebsgrößen: 58% der Vermieterbetriebe haben eine Gesamtbetriebsfläche von 10—30 ha, 17% von 30—50 ha, 12% von mehr als 50 ha. Nur 13% sind mit einer Betriebsfläche von unter 10 ha als kleinbetrieblich einzustufen. Vergleicht man diese Betriebsgrößenstruktur mit jener aller landwirtschaftlichen Betriebe, so zeigt sich eine deutliche Selektivität bezüglich der Aufnahme der Zimmervermietung in Abhängigkeit von der Betriebsgröße [17] (Abb. 7b). Die Neigung zur Vermietungsaufnahme ist bei Betrieben über 10 ha Betriebsfläche überdurchschnittlich groß. Ein Anstieg der Betriebsfläche über 20 ha hinaus bedeutet allerdings nicht einen weiteren Anstieg der Neigung zur Vermietungsaufnahme. Es scheint also generell eine Betriebsgröße von mehr als 10 ha Grundvoraussetzung für die Aufnahme eines Urlaubs auf dem Bauernhof zu sein. Für die tatsächliche Entscheidung zur Vermietung bei diesen Mittel- und Großbetrieben sind dann andere Gründe bestimmend (z. B.: Gehöftzustand, Renovierungs- und Ausbaunotwendigkeit, Fremdenverkehrseignung der Standortlandschaft, Beispielwirkung usw., vgl. auch Kap. 2.2.2.2.). Bei Kleinbetrieben unter 10 ha dürfte das Potential für eine Ergänzung oder Aufstockung des Einkommens aus der Landwirtschaft durch andere Nebenerwerbsformen (unselbständige Erwerbstätigkeit in Industrie, Gewerbe und Dienstleistungen) bereits ausgeschöpft sein.

Die regionale Differenzierung der Betriebsgrößenstruktur (Tab. 5) der Vermieterbetriebe läßt weitestgehend eine Korrelation mit jener aller land- und forstwirtschaftlichen Betriebe erkennen, soweit nicht durch die Selektivität wesentliche Differenzierungen erfolgen: Im Bereich der NÖ-Kalkalpen, im Südteil des Alpenostrandes und in der Buckligen Welt sind auch bei den Vermieterbetrieben jene mit größeren Betriebsflächen stärker vertreten, während besonders im Waldviertel und im Bereich des Wienerwaldes kleinere Betriebe ein stärkeres Gewicht haben.

2.2.2.1.2. Waldflächenausstattung

Die Waldfläche land- und forstwirtschaftlicher Betriebe ist für deren Einkommensschöpfung und besonders auch für die Finanzierung von Investitionen von großer Bedeutung (vgl. Kap. 3.1.). 29% der Vermieterbetriebe haben weniger als 5 ha

---

[17] Als Vergleichswerte wurden die Angaben über die Betriebsgrößenstrukturen aller land- und forstwirtschaftlichen Betriebe auf der Basis Kulturfläche ideell für Produktionsgebiete verwendet, welche den Großräumen der hier verwendeten Raumgliederung entsprechen, Quelle: Erg. d. land- und forstw. Betriebszählung 1970, Österreich Teil 1, Landwirtschaft.

Tabelle 5: Größenstruktur der Vermieterbetriebe in den Großräumen Niederösterreichs

Größen-klassen (ha)	Anteile der Betriebsgrößenklassen Großräume						Anzahl der Betriebe	alle landw. Betriebe [a]
	0	1	3	4	5	NÖ ⌀		
− 5	6,9	6,7	5,1	2,8	3,2	5,2	21	42,1
− 10	15,5	6,7	7,3	5,6	4,8	8,9	37	14,2
− 20	26,7	53,3	26,1	30,6	19,4	28,0	117	21,8
− 30	35,3	23,3	22,5	19,4	25,8	26,1	109	12,5
− 50	10,3	10,0	14,5	18,1	33,9	16,5	69	6,7
über 50	5,2	−	18,8	23,6	12,9	13,7	57	2,7

Quellen: LLK-NÖ-Erhebung;
[a] Erg. d. land- und forstwirt. Betriebszählung 1970.

Waldfläche und damit kaum eine Möglichkeit für eine regelmäßige Vermarktung. 39% verfügen über Waldflächen von über 5 bis 20 ha, 32% über solche von mehr als 20 ha, sodaß ein laufendes Potential zur Investitionsfinanzierung zur Verfügung steht (Tab. 6).

Vergleicht man die Waldausstattung der Vermieterbetriebe mit jener aller land- und forstwirtschaftlichen Betriebe, so zeigt sich auch hier eine sehr deutliche Selektivität [18] (vgl. Abb. 7 c): Betriebe mit geringer Waldflächenausstattung (unter 5 ha) neigen nur sehr unterdurchschnittlich zur Aufnahme der Zimmervermietung. Bei Betrieben mit über 5 bis 10 ha Waldfläche ist bereits eine leicht überdurchschnittliche Besetzung mit Vermieterbetrieben erkennbar, ab einer Waldfläche von über 10 ha steigt die Elastizität der Zimmervermietung beträchtlich, sodaß auch überdurchschnittliche Besetzungen mit Vermieterbetrieben auftreten. Erst ab einer Waldfläche von mehr als 30 ha wirkt sich eine weitere Steigerung dieser Flächen nicht mehr in einer noch stärkeren Hinwendung zur Vermietung aus.

Tabelle 6: Waldausstattung der Vermieterbetriebe

Größenklassen der Waldflächen	Betriebe	Großräume (Anteile in %)					
		0	1	3	4	5	NÖ ⌀
− 5 ha	121	39,4	92,6	27,3	17,2	12,9	37,9
− 10 ha	83	34,9	7,4	14,1	17,2	24,2	19,6
− 20 ha	80	20,2		17,2	25,9	34,0	19,4
− 30 ha	33	4,6		8,6	10,3	17,7	8,2
− 50 ha	25	0,9		8,6	13,8	8,0	6,3
über 50 ha	42			24,2	15,2	3,2	8,6

Quelle: LLK-NÖ-Erhebung.

---

[18] Als Vergleichswerte wurden die Waldflächen ideell aller land- und forstwirtschaftlichen Betriebe für Produktionsgebiete verwendet, welche den Großräumen der hier verwendeten Raumgliederung entsprechen. Quelle: Erg. d. land- und forstw. Betriebszählung 1970, Österreich Teil 2, Forstwirtschaft.

Urlaub auf dem Bauernhof 33

Zieht man die Selektionswirkungen in Abhängigkeit von der Waldflächenausstattung in Betracht, so ergeben sich keine wesentlichen regionalen Abweichungen der Waldausstattung der Vermieterbetriebe von allen land- und forstwirtschaftlichen Betrieben. Die durchwegs überdurchschnittliche Waldausstattung der land- und forstwirtschaftlichen Betriebe in den Teilräumen des Alpenostrandes, der Buckligen Welt und der NÖ-Kalkalpen schlägt sich in einer überdurchschnittlichen Besetzung der gut mit Wald ausgestatteten Vermieterbetriebe nieder und dürfte zum Teil auch ein wesentlicher Grund für den früheren Vermietungsbeginn und das reifere Entwicklungsstadium des Urlaubs auf dem Bauernhof in diesen Gebieten sein (vgl. Kap. 3.1. und 2.2.2.3.).

2.2.2.1.3. Viehbestand

Die Tierhaltung und insbesondere die Rinderhaltung stellt ein ganz besonderes Imageelement der Vermieterbetriebe dar, da der überwiegende Teil der Bauernhof-

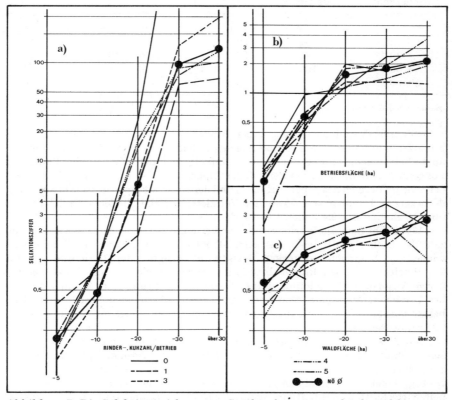

Abbildung 7: Die Selektionswirkung von Strukturkennwerten land- und forstwirtschaftlicher Betriebe bezüglich der Aufnahme der Zimmervermietung

Die Selektionsziffer (SZ) errechnet sich aus der Relation der Anteile der Betriebe mit Vermietung (V) zu allen land- und forstwirtschaftlichen Betrieben (L) in den entsprechenden Größenklassen, vgl. auch Fußnoten 17, 18 und 20.

$SZ = \frac{V}{L}$, z. B.: Anteil der Vermieterbetriebe = 6,9%, Anteil aller land- und forstwirtschaftlichen Betriebe in der gleichen Größengruppe = 37,3; SZ = 0,185.

gäste die Kontaktmöglichkeit mit Tieren, insbesondere mit Großvieh, als wesentliche Grundlage für seine Entscheidung zum Urlaub auf dem Bauernhof ansieht [19]. Für den Vermieterbetrieb selbst bedeutet ein großer Besatz mit Rindern (Kühen) eine verbesserte laufende Einkommensgrundlage und damit eine höhere Investitionsfähigkeit, sodaß auch hier eine deutliche Selektivität in Abhängigkeit von der Anzahl der Rinder (Kühe) auftritt. Zudem fällt in Niederösterreich das Verbreitungsgebiet des Urlaubs auf dem Bauernhof weitgehend mit den Bereichen dominanter Milchviehhaltung bzw. kombinierter Rinderhaltung zusammen (vgl. Atlas der Rep. Österreich: Karte VIII/13: Viehhaltungssysteme).

Tabelle 7: Rinderhaltung der Vermieterbetriebe (Anzahl der Rinder pro Betrieb)

Größenklassen nach der Rinderzahl	Betriebe	Großräume (Anteile in %)					NÖ ⌀
		0	1	3	4	5	
− 5	35	10,6	13,8	5,9	13,6	10,0	9,2
− 10	61	22,3		14,1	18,2	17,0	16,1
− 20	147	37,2	31,0	36,3	40,9	45,0	38,7
− 30	106	21,3	48,3	34,8	18,2	21,0	27,8
über 30	31	8,5	6,9	8,9	9,1	7,0	8,2

Quelle: LLK-NÖ-Erhebung.

90% aller Vermieterbetriebe haben Rinderwirtschaft zum Zwecke der Milchproduktion und/oder der Mast und Aufzucht. Relativ gering ist der Anteil der Vermieterbetriebe mit Rindern nur im Weinbaugebiet der Wachau, im Raum von Langenlois und im südlichen Bereich des Alpenostrandes, während die Vermieterbetriebe im Bereich des Alpenvorlandes und der NÖ-Kalkalpen dominant hohe Rinderbesatzwerte aufweisen. 75% aller Vermieterbetriebe Niederösterreichs haben über 10 Rinder, nur 9% haben 1−4 Rinder.

Vergleicht man die Betriebsgröße der Vermieterbetriebe, gemessen an der Anzahl der Rinder pro Betrieb, mit jener aller land- und forstwirtschaftlichen Betriebe [20], so zeigt sich die stärkste Selektivität bezüglich der Betriebsgröße (Abb. 7a): Betriebe mit einem Rinder- bzw. Kuhbesatz von über 10 neigen in eklatant höherem Ausmaß zur Vermietungsaufnahme und zur Führung eines Vermieterbetriebes. Diese Selektivität steigt noch sehr stark weiter bis zu einem Rinder- bzw. Kuhbesatz von 30 Stück. Wird dieser Besatz noch größer, steigt die Selektivität nur mehr unwesentlich an.

Mit Anstieg der Betriebsgrößen, der Waldausstattung und der Viehbestände zeigt sich also generell eine zunehmende Neigung zur Vermietungsaufnahme und zur Führung eines Vermieterbetriebes. Zusammenhänge mit der von diesen Betriebsgrößenmerkmalen abhängigen Investitionsfähigkeit der Betriebe, mit der arbeitswirtschaftlichen Situation und mit der Konkurrenz anderer Nebenerwerbsformen sind als Erklärungsgrundlagen zu vermuten (vgl.: Kap. 3.3. über die Auswirkungen der Zimmervermietung). Vermieterbetriebe sind als Neben- oder Zuer-

---

[19] 64% der Bauernhofgäste ziehen einen Betrieb mit Großvieh anderen vor (RÖDLING I 1974, S. 110 und 111), für 71% der Bauernhofgäste ist ihr Tierinteresse wesentliches Entscheidungsmotiv (EISELT 1976, S. 54).
[20] Als Vergleichswerte wurden für die land- und forstwirtschaftlichen Betriebe insgesamt die Kuhzahlen pro Betrieb verwendet und zwar Durchschnittswerte für Produktionsgebiete, welche den Großräumen der hier verwendeten Raumgliederung entsprechen. Quelle: Erg. d. land- u. Forstw. Betriebszählung 1970, Österreich Teil 1, Landwirtschaft.

werbsbetriebe einzustufen, sodaß grundsätzlich angenommen werden muß, daß der land- und forstwirtschaftliche Betrieb allein kein ausreichendes Einkommen für die bäuerliche Familie ermöglicht. Auf Grund der Selektivität in Abhängigkeit von der Betriebsgröße handelt es sich bei den Vermieterbetrieben jedoch nicht überwiegend um Kleinbetriebe sondern um Mittel- und z. T. Großbetriebe. Kleinbetriebe bevorzugen wegen der fehlenden Investitionsfähigkeit Nebenerwerbsformen, welche keine Vorausinvestitionen erfordern.

2.2.2.1.4. Dritterwerb

17% der Vermieterbetriebe üben neben der Landwirtschaft und der Vermietung noch einen zweiten Nebenerwerb aus. Man kann annehmen, daß bei diesen Betrieben die Kombination von Landwirtschaft und Vermietung die Einkommensansprüche nicht voll erfüllt. Zum Teil mag auch ein Konkurrenzverhältnis zwischen diesen beiden Erwerbszweigen bezüglich des Einsatzes der Einkünfte für Investitionen zu einem solchen Dritterwerb führen. Die wichtigste Form ist die Vollbeschäftigung des Bauern in einem Dritterwerb, die bei 16% der Betriebe vorkommt. Daneben spielt bei einigen Betrieben auch eine stunden- oder fallweise Beschäftigung in einem Dritterwerb (Nachbarschaftshilfe, Holzarbeit im Winter usw.) eine Rolle.

Tabelle 8: Beschäftigungsgrad im Dritterwerb neben Landwirtschaft und Zimmervermietung

	Großräume					NÖ ⌀	Betriebe
	0	1	3	4	5		
Bauer:							
vollbeschäftigt	14,3	11,1	17,9	23,1	9,1	15,7	22
halbtags							—
stundenweise			2,6			0,8	2
nur im Winter	2,0		2,6		9,1	2,5	2
fallweise	6,1		15,4	15,4		9,1	11
Bäuerin:							
vollbeschäftigt	4,1					1,7	7
halbtags	4,1					1,7	2
stundenweise	2,0					0,8	1
nur im Winter			2,6			0,8	1
fallweise			2,6	7,7		1,7	1

(100% = Zahl der Vermieterbetriebe)

Quelle: Erhebung 1976.

2.2.2.2. *Die bäuerliche Familie als Entscheidungs- und Aktionsgruppe*

Die Vermietung von Räumlichkeiten unterschiedlicher Investitionsintensität ist eine Nebenerwerbsform, mit der die bäuerliche Familie primär eine Einkommensverbesserung anstrebt [21]. Die Verwirklichung dieser Bestrebungen hängt von einer Reihe von Faktoren ab, welche einerseits außerhalb des Vermieterbetriebes liegen (Fremdenverkehrskonjunktur, Konkurrenz in der Fremdenverkehrsregion,

---

[21] RÖDLING II 1974, S. 9: 37% betrieben Urlaub auf dem Bauernhof aus finanziellen Gründen.

Förderungen usw.), überwiegend aber innerhalb des bäuerlichen Betriebes und innerhalb der Familie zu finden sind: arbeitswirtschaftliches Potential, Ausbildung, Altersstruktur und Familienzyklus, Entscheidungs- und Motivationsstrukturen, Zweitnutzungen von Investitionen usw.

2.2.2.2.2.1. Entscheidungs- und Motivationsstrukturen

Der Fremdenverkehr als Wachstumsbranche hatte und hat z. T. noch immer das Image einer sicheren Möglichkeit der Einkommensverbesserung für landwirtschaftliche Betriebe. Die Betätigung im Fremdenverkehr und seine Förderung galt und gilt als sicheres Mittel zur Bewältigung von Problemen wirtschaftsschwacher ländlicher Gebiete. Diese überwiegend von öffentlichen und offiziösen Stellen getragene Meinung hat viele bäuerliche Familien bewogen, sich auch in diesem Wirtschaftszweig zu versuchen [22]. Ein weiterer wichtiger Transformator dieser Einschätzung des Fremdenverkehrs ist die innovative Wirkung von erfolgreichen bäuerlichen Vermietern bzw. eine erfolgreiche Fremdenverkehrsentwicklung in der jeweiligen Standortregion. [23]

In Kombination mit anderen Faktoren scheinen die Verfügbarkeit von Räumlichkeiten, die notwendige Renovierung oder ein Neubau des Wohngebäudes ein wichtiger Anlaß für die Aufnahme des Urlaubs auf dem Bauernhof zu sein. [24] In manchen Fällen können darüber hinaus die freie Arbeitskraftkapazität (durch Mechanisierung und Rationalisierung im landwirtschaftlichen Bereich) und freies Kapital für entsprechende Investitionen ein wichtiger Grund sein. Hauptgesichtspunkt ist aber fast ausschließlich die wirtschaftliche Notwendigkeit [25].

Diese Ergebnisse für die Teilgebiete Niederösterreichs decken sich weitgehend mit anderen Untersuchungen (siehe oben). Generell läßt sich feststellen, daß interne Gründe für die Aufnahme des Urlaubs auf dem Bauernhof weitaus dominieren. Die Frage nach der wirtschaftlichen oder finanziellen Notwendigkeit wurde daher gar nicht in den Katalog möglicher Antworten aufgenommen, sodaß unter Einschluß dieses fast immer vorhandenen Gesichtspunktes die internen Motive wohl fast ausschließlich maßgebend für die Aufnahme des Urlaubs auf dem Bauernhof waren. Wichtigstes Motiv nach den wirtschaftlichen Notwendigkeiten sind bauliche Investitionen, insbesondere der Neubau oder die Aufstockung des Wohngebäudes (40% aller Nennungen) bzw. ein Potential an freien Räumen (18% aller Nennungen); solche freien Räumlichkeiten im Gehöft waren bereits bei den Vorformen des Urlaubs auf dem Bauernhof wichtig, heute handelt es sich meist um Wohnräume, die in Übergangsnutzung für den Fremdenverkehr eingesetzt, später aber für die Kinder freigemacht werden.

Freie arbeitswirtschaftliche Kapazitäten sind nur selten ein Motiv (8% aller Nennungen), sodaß man annehmen muß, daß in der überwiegenden Zahl der Fälle der Urlaub auf dem Bauernhof trotz arbeitswirtschaftlicher Auslastung aufgenommen wurde! Das Kontaktbedürfnis insbesondere der Bäuerin ist eine wesentliche Voraussetzung; 13% aller Nennungen entfallen auf dieses. Externe Anregungen für den Urlaub auf dem Bauernhof kommen häufig dazu, spielen aber insgesamt nur eine geringe Rolle (21,7% aller Nennungen). Anregungen durch Ausbildung und Be-

---

[22] RÖDLING II 1974, S. 9: Bei 9% der Betriebe war die Beratung mit ein Grund für die Vermietungsaufnahme, bei 3% die finanzielle Förderung.
[23] RÖDLING II 1974, S. 9: Für 17% der Betriebe war das Beispiel von Nachbarn und Verwandten mit ein Grund, bei 10% die Initiative oder Nachfrage von Urlaubern – besonders stark war diese Wirkung im intensiven Fremdenverkehrsraum von Südbayern mit 68%!
[24] RÖDLING II 1974, S. 9: Für 34% war der verfügbare Wohnraum ein wichtiger Grund.
[25] RÖDLING I 1974, S. 12–14: 37% der Betriebe haben den Urlaub auf dem Bauernhof aus finanziellen Gründen begonnen, insbesondere weil das Einkommen aus der Landwirtschaft nicht ausreichte.

Tabelle 9: Gründe für den Entschluß zur Vermietung
(Anteil an der Gesamtzahl der Nennungen) in %

Gründe	Wechsel-gebiet	Nördl. Waldviertel	Summe
Neubau, Aufstockung	36,1	36,0	39,6
Nutzung freier Räume	4,9	6,0	5,9
Übergangsnutzung	13,1	8,0	11,9
Bauliche Gegebenheiten insgesamt	54,1	50,0	57,4
Beschäftigung f. Frau	1,6	14,0	7,9
Kontaktfreude	9,8	14,0	12,9
Interne Gründe insgesamt	65,5	78,0	78,2
Bildungsanregung	3,3	2,0	3,0
Beratung	3,3	12,0	7,9
günstige Kredite	8,2	8,0	8,9
erfolgreiche Nachbarn	3,3		1,9
Externe Gründe insgesamt	18,1	22,0	21,7
Andere Gründe	16,4		9,9

Quelle: Zusatzerhebung 1979.

ratung oder durch günstige Kreditmöglichkeiten (Förderung) dürften beim Auftreten wesentlicher interner Voraussetzungen häufig auslösendes Moment für den Entschluß sein.

2.2.2.2.2. Familienstruktur und arbeitswirtschaftliche Kapazität

Die Vermietung wird nur in wenigen Fällen zur Abdeckung arbeitswirtschaftlicher Überkapazitäten aufgenommen, in den meisten Fällen sogar trotz fehlender Arbeitskraftreserven, weil andere Gründe für die Vermietungsaufnahme sprechen (vgl. Kap. 2.2.2.2.1.). Das Verhältnis zwischen arbeitswirtschaftlicher Kapazität und Arbeitsaufwand verändert sich im Laufe der familialen Entwicklung jedes bäuerlichen Haushaltes (LÖHR 1971, S. 63—66: Familienzyklus und „Schicksalskurve der Bauernfamilie"). Einzelbetrieblich gibt es also sichtlich bezüglich der Aufnahme bzw. der Aufrechterhaltung, Einschränkung oder Ausweitung der Vermietung günstige und ungünstige Perioden. Günstige Perioden für eine Aufnahme der Vermietung oder ihre Ausweitung sind jene, in denen eine relativ gute Personalausstattung besteht: Dies ist der Fall, wenn die Elterngeneration noch zu Hilfeleistungen zur Verfügung steht (Kleinkinderbetreuung, Gästebetreuung) oder wenn heranwachsende Kinder solche Leistungen übernehmen können. Eine weitere Gunstperiode ergibt sich beim Ausscheiden der Kinder aus dem Haushalt, in der die Arbeitsbelastung durch Kinderbetreuung geringer wird, die finanziellen Belastungen durch die Kindererziehung wegfallen und Wohnräume frei werden.

Für die Vermieterbetriebe Niederösterreichs zeigt sich vor allem ein überdurchschnittlich hohes Alter der Betriebsinhaber gegenüber allen land- und forstwirtschaftlichen Nebenerwerbsbetrieben: Nur 8% aller Betriebsinhaber von Vermieterbetrieben sind jünger als 35 Jahre; bei den landwirtschaftlichen Nebenerwerbsbetrieben sind es immerhin 20%. Interessanter als das absolute Alter der Betriebsinhaber ist ihr Eintrittsalter, also das Alter zum Zeitpunkt der Vermietungsaufnahme. Nur 9% der Betriebsinhaber waren unter 30 Jahre, 21% unter 35 Jahre (Tab. 10 A). Da das durchschnittliche Heiratsalter auch im ländlichen Raum mit

Tabelle 10 A: Alter der Betriebsinhaber 1976 und Eintrittsalter (Alter zum Zeitpunkt der Vermietungsaufnahme); Anteile der einzelnen Altersgruppen in %

Altersgruppen	Alter der Betriebsinhaber 1976		Eintrittsalter [b]
	Nebenerwerbsbetriebe [a]	Vermieterbetriebe [b]	
unter 30	19,6	7,5	9,3
30–34			12,0
35–44	65,6	76,7	42,6
45–54			25,0
55–64	12,8	11,7	3,7
über 64	2,0	4,2	0,9
Vermietungsübernahme von den Eltern			6,5

etwa 21 Jahren anzusetzen ist, bedeutet das hohe Eintrittsalter, daß jene familiale Entwicklungsperiode, in der häufig noch die Eltern als Voll- oder Teilarbeitskräfte zur Verfügung stehen, nur selten als Einstiegsphase in die Vermietung auftritt. Nur 19% der Kinder von Vermieterhaushalten waren zum Zeitpunkt des Vermietungsbeginnes im Vorschulalter (Tab. 10 B). Der wesentliche Grund für den späten Einstieg in die Vermietung liegt wohl darin, daß in der ersten Periode der Familienentwicklung alle Kräfte für den Ausbau der Mechanisierung der Landwirtschaft sowie für den Aus- oder Neubau von Wirtschaftsgebäuden gebunden sind und daß auch die Belastungen durch die Kleinkinderbetreuung eine Rolle spielen.

Tabelle 10 B: Alter der Kinder der Vermieterbetriebe zum Zeitpunkt der Vermietungsaufnahme [b]

Altersgruppen	%
unter 4	8,6
4– 6	10,2
7–10	26,6
11–15	31,3
über 15	23,4
Summe der Kinder in allen Vermieterbetrieben	128
Betriebe ohne Kinder	32

Quellen: [a] Erg. d. land- und forstwirtschaftl. Betriebszählung 1970, Österreich, Teil 1: Landwirtschaft; [b] Erhebung 1976.

72% aller Betriebsinhaber waren bei Vermietungsaufnahme über 34 Jahre alt; 58% aller Kinder von Vermietungsbetrieben waren bei Vermietungsbeginn im Schulalter und z. T. schon in einem Alter, in dem sie zu gelegentlicher Mithilfe herangezogen werden können (Tab. 10). Die zweite Gunstperiode im familialen Entwicklungszyklus scheint also wesentlich wirksamer zu sein: Arbeitswirtschaftliche Entlastungen, freie Raumkapazitäten und finanzielle Entlastungen nach Abschluß der rein landwirtschaftlichen Investitionen begünstigen die Hinwendung zur Vermietung.

In einem engen Zusammenhang mit der Familienzyklusentwicklung und der damit korrelierenden Alterstruktur der Betriebsinhaber erhebt sich die Frage nach der Arbeitskraftkapazität für eine Vermietung neben der Landwirtschaft und neben einem z. T. vorhandenen Dritterwerb (vgl. Kap. 2.2.2.1.).

Tabelle 11 A: Arbeitskräftestruktur der Vermieterbetriebe [a]
(Vollarbeitskräfte je Betrieb) in %

Gebiet	unter 1,0	− 1,4	−1,9	−2,4	−2,9	über 3	insges. (= 100%)
0	6,1	8,2	12,2	38,8	18,4	16,3	49
1		28,6	28,6	14,3	28,6		7
3	2,4	7,3	12,2	53,7	12,2	12,2	41
4		21,4	7,1	28,6	28,6	14,3	14
5			11,1	11,1	55,6	22,2	9
NÖ.	3,3	8,3	12,5	40,0	20,0	15,8	120

Tabelle 11B: Zum Vergleich: Arbeitskraft aller land- und forstwirtschaftlichen Betriebe Niederösterreichs in % [b]

	Ständige familieneigene und -fremde Arbeitskraft					
	1	2	3	4	5	6
1970	39,8	38,0	15,9	4,9	0,8	0,7
1973	36,4	45,8	13,8	3,1	0,4	0,6

[a] Dabei wurden folgende Kennwerte verwendet: Bauer oder Bäuerin ohne Nebenerwerb = je 1 VAK; mit Nebenerwerb = 0,2 VAK; Kinder unter 10 Jahren = −0,1 VAK, 10−14 Jahre = 0,1 VAK; über 14 Jahre = 0,2 VAK; wenn in Land- und Forstw. beschäftigt = 1,0 VAK; Eltern unter 64 Jahre = 0,5 VAK; 65−70 = 0,2 VAK; über 70 Jahre = 0 VAK; sonst. Familienangehörige = 0,1 VAK; Quelle: Erhebung 1976.
[b] Quellen: Erg. d. land- u. forstwirt. Betriebszählung 1970, Erhebung der land- und forstw. Arbeitskräfte 1973, ÖSTZA.

Die Analyse der Zusammensetzung der Familien der Vermieterbetriebe in Niederösterreich ergibt einen sehr hohen Anteil der Betriebe mit 2−2,4 Vollarbeitskräften (VAK) mit 40% aller Betriebe, was in der Regel einem voll landwirtschaftlich berufstätigen Besitzerehepaar mit Kindern, die noch zur Schule gehen oder bereits einem außerlandwirtschaftlichen Beruf nachgehen, oder mit einem z. T. noch einsatzfähigen Elternteil entspricht. Vermieterbetriebe mit mehr Vollarbeitskräften, in denen also meist neben dem voll landwirtschaftlich tätigen Besitzerehepaar noch ein Kind über 14 Jahren tätig ist, sind noch relativ häufig (36%), während Vermieterbetriebe mit weniger als 2 Vollarbeitskräften mit 24% doch schon seltener vertreten sind. Im Vergleich zur Arbeitskraftstruktur aller land- und forstwirtschaftlichen Betriebe in Niederösterreich zeigt sich eine beträchtliche Selektivität bei der Vermietungsaufnahme: Betriebe mit unterdurchschnittlicher Arbeitskraftausstattung haben sichtlich keine oder nur eine sehr beschränkte Möglichkeit als Vermieterbetriebe aufzutreten, da eine Begrenzung durch mangelnde Arbeitskraft besteht.

Vermieterbetriebe sind daher bevorzugt land- und forstwirtschaftliche Betriebe mit einer gefestigten Familienstruktur mit mindestens zwei vollberuflich in der Landwirtschaft tätigen Arbeitskräften. Das bedeutet aber auch, daß in der Regel auf Grund der Arbeitsbelastung durch die Vermietung (vgl. Kap. 3.3.1.1.) die durch das Privatzimmervermietungsgesetz festgesetzte Grenze von 10 Betten mit Frühstücksangebot eine arbeitswirtschaftliche Grenze für die meisten Vermieterbetriebe Niederösterreichs darstellt.

2.2.2.2.3. Ausbildung und Werbung

Die Ausbildung der Bäuerin, die ja den Hauptteil der Gästebetreuung zu leisten hat (vgl. Kap. 3.3.1.), die Verpflegung erstellen muß und auch überwiegend die Zimmereinrichtung und -gestaltung besorgt, ist eine Grundvoraussetzung für einen funktionierenden Vermieterbetrieb, wenngleich eine gewisse „hausfrauliche Naturbegabung" vieles ersetzen kann. In manchen Fällen hat eine entsprechende Aus- oder Fortbildung die Initialzündung zur Aufnahme der Vermietung gegeben (vgl. Kap. 2.2.2.3.b.). Für die Aufnahme einer Privatzimmervermietung wird durch das Gesetz keine Ausbildung verlangt, für eine Konzession sind eine Reihe von Voraussetzungen (Fachschule, Praxis, Konzessionsprüfung) vorgeschrieben.

Neben der echten Fachschulbildung (landwirtschaftliche Fachschule), die im Schnitt von 30% der Bäuerinnen erworben wurde, steht ein breites Angebot von Kursen zur Verfügung (Wirtschaftsförderungsinstitut, Landwirtschaftskammern, Gastgewerbliche Fachschulen); 33% der Bäuerinnen haben zumindest einen solchen Kurs besucht, sodaß immerhin noch 37% aller Bäuerinnen, die Zimmervermietung machen, keine spezifische Ausbildung besitzen.

Sehr auffallend ist in Niederösterreich die starke regionale Differenzierung des Ausbildungsniveaus (Abb. 8): Weit überdurchschnittlich ist dieses in den Teilgebieten des Alpenvorlandes und im Oberen Ybbs- und Erlauftal insbesondere durch einen sehr hohen Anteil der Bäuerinnen mit Fachschulbildung (ca. 50%) und das Fehlen von Bäuerinnen ohne jegliche Ausbildung für die Vermietung [26]. Unterdurchschnittlich ist das Ausbildungsniveau im Waldviertel-Nord, in der Wachau, in den Teilgebieten Pielachtal, Annaberg, Traisental und Schwarzatal.

Neben der eigentlichen Leistung im Rahmen der Vermietung (Zimmerbetreuung, Verpflegung der Gäste, Kontakt mit Gästen usw.) als Werbemittel braucht der Urlaub auf dem Bauernhof auch aktive Werbung, durch welche der Kontakt zu potentiellen Bauernhofurlaubern hergestellt wird. Ganz besonders wichtig ist diese Werbeaktivität bei Neuaufbau einer Vermietung, bei Versuchen der Erweiterung bzw. beim Versuch einer Verbesserung der Auslastung (vgl. Kap. 3.2.4.).

Der Urlaub auf dem Bauernhof ist allerdings zu einem sehr wesentlichen Teil

---

[26] Eine Erklärung für dieses außergewöhnliche Ausbildungsniveau dürfte in besonderen Bildungsaktivitäten in diesem Raum in den siebziger Jahren liegen: gutes Image und aktive Schülerwerbung der land- und hauswirtschaftlichen Fachschule in Soos bei Melk, starkes Kursangebot in diesem Raum (Auskünfte der Landes-Landwirtschaftskammer NÖ).

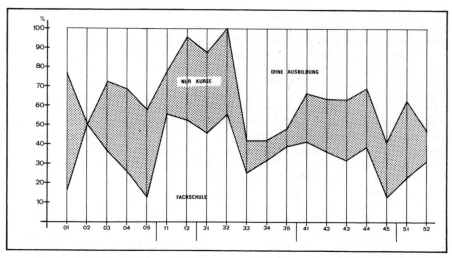

Abbildung 8: Die Ausbildung der Bäuerinnen in den Vermieterbetrieben in den Teilräumen Niederösterreichs (vgl. Tab. 1)

Quelle: LLK-NÖ-Erhebung.

von seinen Stammkunden abhängig [27]; dieser hohe Stammkundenanteil ist allerdings nur auf der Basis eines hohen Zufriedenheitsniveaus der Bauernhofgäste möglich [28].

Tabelle 12: Bedeutung der Stammkunden und Art der Gästewerbung

Gebiete	Werbemittel (in % der Nennungen)							Stammkundenanteil
	A	B	C	D	E	F	G	
0	30,2	15,7	58,5	83,0	50,9	3,8	3,8	23,2
1	33,3	55,6	44,4	88,9	44,4	11,1		27,8
3	28,3	32,6	58,7	91,3	54,3	2,2	6,5	43,9
4	50,0	7,1	71,4	85,7	50,0		7,1	12,3
5	30,8	61,5	84,6	84,6	38,5		7,7	19,2
NÖ	31,9	27,4	61,5	86,4	50,4	3,0	5,2	26,5

A: Hinweistafel
B: Zeitungsinserate
C: Mundpropaganda
D: Adressenverzeichnis „Urlaub am Bauernhof"

E: Orts- oder Gebietsprospekt
F: sonstige
G: Anteil der Betriebe ohne Angabe über Werbung

Quelle: Erhebung 1976.

---

[27] PEVETZ 1978, S. 36: 78% der Gäste machen zumindest schon zum zweitenmal Urlaub auf einem Bauernhof, 99% beabsichtigen diesen zu wiederholen.
RÖDLING I 1974, S. 46: 47% der Vermieter haben Stammgäste.
[28] PEVETZ 1978, S. 38 ermittelt einen Anteil von 98% voll oder ziemlich zufriedenen Bauernhofgästen.

Etwas mehr als ein Viertel aller Gäste auf Niederösterreichs Bauernhöfen sind Stammgäste, die entweder ein Zimmer in Dauermiete haben oder alljährlich wiederkommen. Ein wesentlicher Teil der Werbung für den Urlaub auf dem Bauernhof läuft damit von selbst über die „Mundpropaganda" von zufriedenen Stammkunden; in Niederösterreich verlassen sich 62% der Vermieterbetriebe unter anderem auf diese „Mundpropaganda". Der höchste Anteil von Stammgästen ist in den NÖ-Kalkalpen anzutreffen, hier vor allem in den Teilgebieten Annaberg und Traisental (59 bzw. 57% aller Gäste), was wohl auf die weit zurückreichende Tradition dieser Gebiete zurückgeht; auch im Gebiet Hochwechsel (53% Stammgäste) ist eine ähnliche Erklärung für den hohen Anteil gegeben. Niedrig ist der Stammkundenanteil einerseits in den noch jungen Gebieten des Urlaubs auf dem Bauernhof, im Waldviertel, im Teilgebiet Unteres Erlauftal (Durchzugsverkehr) und im Bereich des Wienerwaldes, wo durch den Städtetourismus, der von Wien her ausstrahlt, die niedrigen Stammkundenwerte bedingt sind.

Trotz der relativ geringen Fluktuationen der Gäste im Urlaub auf dem Bauernhof kommt den eingesetzten Werbemitteln eine wichtige Rolle zu. Wenngleich nur ein geringer Anteil der Bauernhofgäste seine Informationen aus Inseraten, Broschüren oder Prospekten bezieht (RÖDLING I 1974, S. 169: nur 12% der Gäste haben solche Quellen benutzt), so kann doch auf ein vermehrtes Informationsbedürfnis geschlossen werden, da ein Großteil der Bauernhofurlauber Prospekte, Broschüren oder Inserate für die wichtigsten Werbeträger hält (RÖDLING I 1974, S. 172). Eine wichtige Rolle kommt auch den eigenen Erkundigungen zu (PEVETZ 1978, S. 35: 55% haben die Bauernhof-Urlaubsadresse selbst ermittelt), ebenso den örtlichen Auskunftsstellen.

Für die Werbeaktivitäten der bäuerlichen Vermieter in Niederösterreich stehen eine Reihe von Werbemitteln offen: Neben der völlig auf Eigeninitiative beruhen-

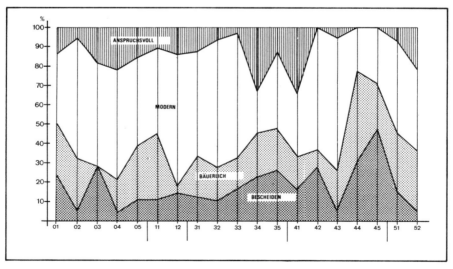

Abbildung 9: Selbsteinschätzung der Qualität und Art der Zimmerausstattung durch Vermieter in den Teilgebieten Niederösterreichs (vgl. Tab. 1)

Quelle: LLK-NÖ-Erhebung.

den Möglichkeit, durch Inserate zu werben (27% der Betriebe) und Hinweistafeln aufzustellen (32%) [29], gibt es eine Reihe von Werbeaktivitäten, welche von öffentlichen oder offiziösen Stellen durchgeführt bzw. gefördert werden: Das wichtigste Werbemittel für bäuerliche Vermieter in Niederösterreich ist das Verzeichnis „Ferien am Bauernhof in Niederösterreich", das von der Niederösterreichischen Landwirtschaftskammer herausgegeben wurde. 62% der 1976 befragten Betriebe sind in diesem Verzeichnis enthalten; 1976 enthielt es über 500 Betriebe. Durch örtliche und regionale Fremdenverkehrsvereine und Verbände ergibt sich die Möglichkeit der Einschaltung in Orts- und Gebietsprospekten, die von 50% der Betriebe in Anspruch genommen wird.

Eine Selbstbewertung der Zimmereinrichtung zeigt einerseits die Einschätzung des eigenen Angebots, andererseits läßt sie einen Schluß auf die „Werbestrategie" zu, mit der die Vermieter ihr Angebot zu profilieren suchen. Da die Selbsteinstufung aus einer Erhebung für einen Werbeprospekt stammt, dürfte sie in den qualitativen Aussagen über der Realität liegen.

Die überwiegende Zahl der Vermieter stuft die Ausstattung ihrer Zimmer als „modern" ein (49%), 21% als „bäuerlich", 17% als „bescheiden" und nur 12% als „anspruchsvoll". Das Image des „Modernen" scheint für die bäuerlichen Vermieter eine sehr wichtige Werbestrategie zu sein, während gerade das „Bäuerliche", das man als besonderes Kennzeichen des Urlaubs auf dem Bauernhof erwarten würde, nur erstaunlich wenig eingesetzt wird.

2.2.2.3. Das interne Fremdenverkehrsangebot der Vermieterbetriebe

Eine Ausnutzung der Potentiale, welche sich aus der Lage der Vermieterbetriebe im Natur- und Kulturraum (externe Grundlagen) ergeben, und der Besonderheiten der Integration in den bäuerlichen Betrieb setzt Investitionen voraus (interne Grundlagen).

2.2.2.3.1. Zimmer- und Bettenkapazität

Die Zimmer- und Bettenkapazität ist die wichtigste Kennziffer zur Messung der Größe der Vermieterbetriebe und damit der Bedeutung der Vermietung für die bäuerliche Familie. Auf Grund der Bettenzahlen lassen sich bereits eine Reihe von Schlüssen auf den arbeitswirtschaftlich notwendigen Einsatz und auf den Investitionsumfang ziehen (vgl. Kap. 3.1. und 3.3.). Ein wichtiger Grenzwert in der Vermietungsgröße ergibt sich aus den Bestimmungen des NÖ-Privatzimmervermietungsgesetzes (LGBl. 7040−0), das für Betriebe ohne Konzession einen Grenzwert von 10 Betten festsetzt.

Auf Grund einer durchschnittlichen Bettenzahl von 2,1 Betten pro Zimmer (Auswertung des Verzeichnisses „Ferien am Bauernhof in Niederösterreich", 1976) kann man annehmen, daß bäuerliche Privatzimmervermieter maximal 4−5 Zimmer aufweisen, 28% aller Vermieterbetriebe haben mehr als 10 Betten, eine ganze Reihe davon (7% aller Betriebe) sind echte Vermietergroßbetriebe mit mehr als 20 Betten, einige Betriebe haben 40, 50 ja sogar 70 Betten. Die durchschnittliche Betriebsgröße beträgt daher auch 10,7 Betten pro Betrieb [30].

---

[29] Nach dem NÖ-Privatzimmervermietungsgesetz darf auf die Privatzimmervermietung nur durch die Anbringung einfacher Hinweistafeln auf dem Wohnhaus oder auf der Liegenschaft des Vermieters hingewiesen werden.
[30] Dieser hohe Wert findet sich nur in Vergleichsuntersuchungen mit ähnlicher Begriffsdefinition für den Urlaub auf dem Bauernhof: SCHWEMBERGER/HOLLER, S. 25: 11 Betten pro Betrieb, SCHULZ-BORCK/TIEDE 1974, S. 5: je nach Bundesland 7 bis 10 Betten pro Betrieb.

Tabelle 13: Größenstruktur der Vermieterbetriebe nach der Bettenkapazität

Bettenzahl pro Betrieb	Großräume (Anteil der Betriebe in %)					NÖ Ø
	0	1	3	4	5	
− 5	24,3	23,3	15,2	2,8	18,0	16,4
− 10	55,1	66,7	55,3	58,3	50,8	56,0
− 20	12,1	10,0	23,5	27,8	24,6	20,4
− 30	3,7		1,3	7,0	3,3	3,4
− 50	4,6		2,1	4,2	1,6	3,2
über 50			0,8		1,6	0,5
durchschnittliche Bettenzahl pro Betrieb	10,0	7,4	10,7	12,4	11,4	10,7

Quelle: LLK-NÖ-Erhebung.

Die regionale Differenzierung der Betriebsgrößen ist sehr groß und weist auf wesentliche Strukturunterschiede des Urlaubs auf dem Bauernhof hin (vgl. Abb. 10): Spitzenwerte der durchschnittlichen Betriebsgrößen treten in den Teilräumen Waldviertel-Süd (17,8), in Annaberg (14,2), Piestingtal (13,3), Puchberg (13,2) und Schwarzatal (13,6) auf. Unterdurchschnittlich klein ist die Bettenkapazität in den Teilräumen Waldviertel-Nord, Oberes und Unteres Ybbstal, Oberes und Unteres Erlauftal und in der Buckligen Welt-Nord. Hohe durchschnittliche Bettenzahlen je Betrieb treten besonders in den Teilräumen auf, die schon eine lange Tradition im Fremdenverkehr und bei der bäuerlichen Vermietung aufweisen und bereits ein gewisses Reifestadium erreicht haben. Die Betriebsgrößenzusammensetzung in diesen Gebieten läßt im Vergleich zu den jüngeren Teilräumen vermuten, daß im Entwicklungsprozeß eine Selektion eintritt − unrentable Kleinstbetriebe müssen ausscheiden, die größeren Privatvermieter können sich auf der Basis einer Konzession zu Vermietergroßbetrieben weiterentwickeln (vgl. Stufentheorie des Entwicklungsprozesses, Kap. 1.1.).

Eine Sonderform des Bettenangebots auf Bauernhöfen ist die Vermietung von ganzen Wohneinheiten (Ferienwohnungen, Appartements, Bungalows). Diese werden sowohl kurzfristig als auch in Langzeit- oder Dauervermietung vergeben. Die Langzeit- und Dauermiete kann für viele traditionelle Gebiete des „Urlaubs auf dem Bauernhof" als historische Vorform angesehen werden. Sie besteht heute noch in vielen Betrieben der Buckligen Welt und im Waldviertel-Süd fort und ist durch ein besonders niedriges Anspruchsniveau gekennzeichnet. Erst die Entwicklung der letzten Jahrzehnte hat diese Art durch die Hinwendung zur kurzfristigen Zimmervermietung verdrängt. In jüngster Zeit allerdings erfährt die Vermietung von ganzen Wohneinheiten (Appartments im Bauernhof, Bungalows beim Bauernhof) einen neuen Aufschwung; kurz- und langfristige Vermietung tritt auf.

Von den in den LLK-NÖ-Erhebung erfaßten 4.625 Betten auf Bauernhöfen entfallen 93% auf die Zimmervermietung und 7% auf Ferienwohnungen, der Anteil der Betriebe mit Ferienwohnungen an allen Vermieterbetrieben beträgt 15,8%[31]. Re-

---

[31] SCHULZ-BORCK/TIEDE 1974, S. 6: 13% der Betriebe vermieten Ferienwohnungen oder Ferienhäuser; GEISSLER 1972, S. 455 ermittelt einen Wert von 10%.

gional betrachtet (vgl. Abb. 10) weisen das Hochwaldviertel mit 36% der Betten in Ferienwohnungen, das Teilgebiet Waldviertel-Nord mit 15%, der Gföhlerwald mit 17% und die Bucklige Welt-Nord mit 15% überdurchschnittliche Bestände an Ferienwohnungen auf. Recht hoch ist der Anteil auch im Traisental mit 10%. Über die Relation zwischen Ferienwohnungen des alten Typs mit geringem Ausstattungsniveau und solchen modernen Typs in der Form voll ausgestatteter Wohneinheiten läßt sich auf Grund des Materials nichts aussagen — es ist allerdings zu vermuten, daß im Hochwaldviertel mit seiner jungen Entwicklung des Urlaubs auf dem Bauernhof die jüngere Form dominiert, in den anderen Gebieten besonders im Waldviertel-Süd und in der Buckligen Welt-Nord die traditionellen Formen vorherrschen.

Wie aus der Zusatzerhebung 1979 hervorgeht, gab es in den siebziger Jahren einen verstärkten Trend zu Einrichtung von Appartements (69% aller Appartements sind in der Zeit zwischen 1970 und 79 errichtet worden); überwiegend handelt es sich um Betriebe, welche nur wenige Wohneinheiten anbieten (83% haben unter 5 Wohneinheiten), große Appartementvermieter sind noch selten. Der überwiegende Teil dieser Appartements wird in das Wohngebäude integriert (57%), manche sind im Wirtschaftsgebäude eingerichtet, etwas häufiger auch im Ausgedingehaus, und einige auch in eigenen Neubauten. Die Vermietung der Appartements erfolgt überwiegend in Dauermiete (89%). Motive für die Bauern, diese Vermietungsform zu

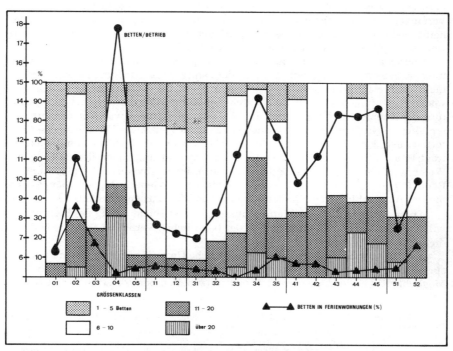

Abbildung 10: Größenstruktur der Vermieterbetriebe (Bettenanzahl) in den Teilräumen Niederösterreichs (vgl. Tab. 1)

Quelle: LLK-NÖ-Erhebung.

wählen, liegen überwiegend im arbeitswirtschaftlichen Vorteil gegenüber der Zimmervermietung (58% aller Nennungen), bei erwarteten höheren Einnahmen und bei einer sichereren Auslastung.

2.2.2.3.2. Ausstattung

In der gegenwärtigen Enwicklungsphase des Fremdenverkehrs kommt den Qualitätsfaktoren auch im Rahmen des Urlaubs auf dem Bauernhof erhöhte Bedeutung zu. Das Anspruchsniveau der Bauernhofurlauber bezüglich der internen Ausstattung liegt etwas unter dem Durchschnitt aller Urlauber, während jenes bezüglich externer Einrichtungen des Fremdenverkehrs stark unter dem Durchschnitt liegt. Die Erwartungen der Gäste richten sich auf eine typisch bäuerliche Einrichtung der Zimmer und Aufenthaltsräume (RÖDLING I 1974, S. 111); im sanitären Bereich scheinen WC sowie fließendes Kalt- und Warmwasser eine Mindestanforderung zu sein; hohen Stellenwert besitzt aber auch die Dusche (RÖDLING I 1974, S. 112: diese wird von 68% gewünscht). Für die Urlaubsgestaltung wünschen sich viele Gäste Zusatzeinrichtungen auf dem Bauernhof [32].

In Niederösterreich zeigt sich beim Urlaub auf dem Bauernhof eine je nach Ausstattungsmerkmal und Region recht differenzierte Ausstattung der Vermieterbetriebe. 75% der Betriebe haben Zentralheizung, 72% ein Fernsehgerät mit Benutzungsmöglichkeit für die Gäste, 82% einen Aufenthaltsraum. Auch die Zusatzerhebung 1976 ergibt für einige Ausstattungsmerkmale so hohe Durchschnittswerte: Fließwasser im Haus, WC im Haus, Dusche oder Bad im Haus, elektrisches Licht, Fernsehen, Zentralheizung, Eisschrank, Waschmaschine. Diese Einrichtungen von Vermieterbetrieben scheinen heute zur Grundausstattung zu gehören, deren Vorhandensein von den Gästen erwartet wird. Schwächen in dieser Grundausstattung weisen das Waldviertel und die Bucklige Welt auf.

Die Qualität der Zimmerausstattung als primäres Kennzeichen des Vermietungsniveaus ist objektiv nur an Hand der sanitären Ausstattung meßbar (soferne nicht exakte Investitionsziffern vorliegen). Die LLK-NÖ-Erhebung enthält eine solche Einstufung des Zimmerangebotes nach Komfortzimmern, wobei die Ausstattung der Zimmer mit Dusche, Bad und WC ausschlaggebend war. Von den auf Bauernhöfen in Niederösterreich vermieteten Zimmern entfallen 12% auf solche Komfortzimmer, der Anteil der Vermieterbetriebe, welche Komfortzimmer anbieten, beträgt 14% [33]. Spitzenwerte der Komfortzimmerausstattung finden sich im Teilgebiet Wienerwald-Nord (42% des Bettenangebotes), im Hochwaldviertel (33%) und im Raum Puchberg (27%). Die sehr gute Ausstattung im Wienerwaldgebiet hängt sicher mit der Ausstrahlung des Städtetourismus von Wien zusammen (Abb. 11).

Diese Zimmer- und Vermietungsausstattung ist Niederschlag des Investitionswillens, aber auch der Vorstellungen der bäuerlichen Vermieter von den Notwendigkeiten der Ausstattung [34].

Der bäuerliche Betrieb und seine natürliche Umwelt bieten in vielen Fällen ein spezifisches Angebot an Freizeitmöglichkeiten. Dazu gehört zunächst einmal die Möglichkeit, bei der bäuerlichen Arbeit mitzuhelfen oder diese zu beobachten [35].

---

[32] PEVETZ 1978, S. 44: Der Wunsch nach Liegestuhl, nach Spielen, nach einem Kinderspielplatz, nach einer Hausbibliothek wird von 15 bis 33% der Gäste geäußert.
[33] EISELT 1976, S. 27: 3% der Gäste hatten Zimmer nur mit Kaltwasser, 87% mit fließendem Kalt- und Warmwasser, 4% mit Dusche, 3% mit Bad und 4% mit eigenem WC.
[34] RÖDLING II 1974, S. 31: Die Ausstattung erfolgt nur zu einem geringen Teil mit Berücksichtigung von Gästewünschen und nur zu einem geringen Teil mit Fachberatung; überwiegend werden die Zimmer so eingerichtet, wie sich die Vermieter für sich selbst ein Urlaubszimmer vorstellen und wie es aufgrund der finanziellen Gegebenheiten möglich war.
[35] PEVETZ 1978, S. 45: 24% wünschen sich diese Möglichkeit; EISELT 1976, S. 51: 50% der Gäste arbeiten nie mit, 7% nur selten und 13% finden diese uninteressant.

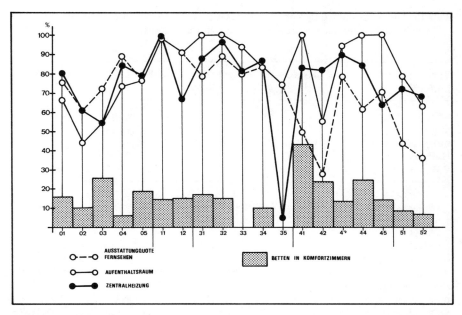

Abbildung 11: Grund- und Komfortausstattung der Vermieterbetriebe in den Teilräumen Niederösterreichs (vgl. Tab. 1)

Quelle: LLK-NÖ-Erhebung.

Die Möglichkeit des Reitens oder Fischens wird bei je 13% der Betriebe angeboten, die Jagd, welche ja nicht zu den typischen Ambitionen des Bauernhofgastes gehört, ist bei 13% der Betriebe möglich [36]. Das Waldviertel erweist sich auf Grund seiner natürlichen Möglichkeiten als Hauptgebiet der Fischereimöglichkeiten, Reitmöglichkeiten treten besonders in der Wachau, im Alpenvorland, in Annaberg, im Wienerwald-Nord und im Hochwechselgebiet auf. Diese regionale Differenzierung deckt sich recht gut mit der Pferdeausstattung, die im Schnitt bei 10% der Vermieterbetriebe besteht (Annaberg 42%, Wienerwald-Süd 27%, Bucklige Welt-Nord 21%). Die Jagdmöglichkeit ist ein besonderes Kennzeichen in der Region Annaberg und im Oberen Erlauftal.

2.2.2.3.3. Verpflegsangebot

Neben dem Angebot an Wohnräumen (Zimmervermietung) und dem Angebot von Zusatzeinrichtungen ist das Verpflegsangebot der dritte wichtige Leistungsbereich von Vermieterbetrieben. Nimmt man das jeweils vollständigste Verpflegsangebot als Merkmal, so ergibt sich folgende Verteilung der Betriebe nach ihrer Verpflegsstruktur: 7% bieten keine Verpflegung an (höchstens Küchenbenutzung), 62% bieten Frühstückspension, 14% Halbpension und 17% Vollpension.

---

[36] SCHULZ-BORCK/TIEDE 1974, S. 46 ff.: Reitmöglichkeit besteht bei 31—59% der Betriebe, Fischmöglichkeit bei 36—81% und Jagdmöglichkeit bei 9—18% je nach Bundesland verschieden.

Tabelle 14: Vergleich der Verpflegsstruktur der Vermieterbetriebe Niederösterreichs mit Ergebnissen anderer Untersuchungen (Anteil der Betriebe in %)

Verpflegungs-umfang	LLK-NÖ-Erhebung	GEISSLER S. 455	EISELT S. 26	SCHWEMBERGER S. 27 [a]
kein Verpflegsangebot	7,2	10,0	7,7	7,0
nur Frühstück	62,1	76,0	75,8	65,0
Halbpension	13,9		4,0	11,0
Vollpension	16,8	14,0	12,5	16,0

[a] Anteil der Gäste, welche die angegebene Verpflegung in Anspruch nehmen.

Die für Niederösterreich festgestellte Verpflegsstruktur stimmt weitgehend mit den Ergebnissen für andere Regionen überein (Tab. 14). Sehr charakteristisch ist der hohe Anteil von Betrieben, die Küchenbenutzung bieten (70%). Dadurch wird in Betrieben mit Verpflegsangebot den Gästen die Möglichkeit gegeben, Zwischenmahlzeiten und Kindermenüs herzustellen. Bei Betrieben ohne Verpflegsangebot ist die Küchenbenutzung Grundlage der Selbstversorgung der Gäste, soferne diese nicht auswärts essen, was nur bei Betrieben in der Nähe von Gasthäusern und Restaurants möglich ist.

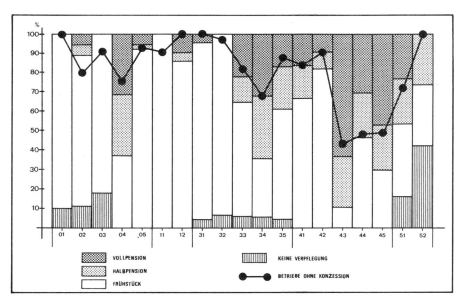

Abbildung 12: Verpflegsstruktur der Vermieterbetriebe in den Teilräumen Niederösterreichs (vgl. Tab. 1)

Quelle: LLK-NÖ-Erhebung.

Die regionale Differenzierung der Verpflegsstruktur ist sehr beträchtlich und liefert ein wesentliches Hilfsmittel zur Charakterisierung der Betriebsstruktur in den einzelnen Teilräumen des Urlaubs auf dem Bauernhof in Niederösterreich (Abb. 12; vgl. Kap. 2.2.2.3.e.): Wertet man die Dominanz eines geringen Verpflegsangebotes (keine oder nur Frühstücksverpflegung) als typisches Merkmal einer eher bäuerlichen Struktur, so können mit Ausnahme des Teilgebietes Waldviertel-Süd (Anteil der Betriebe mit Halbpension 32%, mit Vollpension 32%) alle Gebiete im Westen Niederösterreichs diesem bäuerlichen Typus zugeordnet werden; Betriebe mit Angebot von Halb- oder Vollpension sind selten oder fehlen überhaupt. Der geringe Anteil der Halb- oder Vollpensionsbetriebe im Wienerwald erklärt sich aus der Bedeutung des Städtetourismus für dieses Gebiet — die Gäste übernachten hier, halten sich untertags aber überwiegend in der Großstadt Wien auf. In den östlichen Gebieten Niederösterreichs ist das Verpflegsangebot bei sehr vielen Betrieben deutlich erweitert (Anteil der Betriebe mit Halb- oder Vollpension: Pielachtal 36%, Annaberg 65%, Traisental 39%, Piestingtal 90%, Puchberg 54%, Schwarzatal 71%, Hochwechsel 47%). Diese regionalen Unterschiede hängen zum Teil sicherlich mit unterschiedlichen Nachfragestrukturen zusammen (vgl. Kap. 2.3.), korrelieren aber auch deutlich mit dem Entwicklungsstand und Reifegrad des Urlaubs auf dem Bauernhof — die traditionellen und hochentwickelten Gebiete weisen durchwegs einen hohen Anteil der Betriebe mit erweitertem Verpflegsangebot auf.

Das Verpflegsangebot von Vermieterbetrieben hängt z. T. von den Möglichkeiten ab, die der Betrieb auf Grund der gesetzlichen Bestimmungen hat: Auf Grund des NÖ-Privatzimmervermietungsgesetzes (LGBl. 7040−0) darf eine erweiterte Verpflegung nur dann durch Privatvermieter angeboten werden, wenn diese in Einschichtlage liegen, d. h. wenn das nächste Gasthaus über 1 km entfernt ist oder der Fußweg mehr als 10 Minuten in Anspruch nimmt. Das bedeutet, daß auf Grund der Lage 57% aller Vermieterbetriebe keine erweiterte Verpflegung abgeben dürfen, soferne sie Privatzimmervermieter im Sinne des Gesetzes sein wollen. Betriebe, welche nicht den Lagevorteil der Einschichtlage aufweisen und dennoch erweiterte Verpflegung anbieten wollen, brauchen eine Konzession. Obwohl 30% der Bäuerinnen eine Fachschulbildung aufweisen, haben nur 18% der Betriebe eine Konzession für Frühstück oder Vollpension; die Konzessionsanforderungen dürften also doch eine deutliche Hürde sein. Der überwiegende Teil der Betriebe hat keine Konzession und ist damit den Privatzimmervermietern zuzurechnen (SCHWEMBERGER/HOLLER, S. 49: Konzessionsbetriebe bieten zu 37% Vollpension, nicht konzessionierte nur zu 9%). Regional gesehen erweist sich auch das Merkmal der Häufigkeit von Konzessionsbetrieben als deutlich mit der Reife und Entwicklung des Urlaubs auf dem Bauernhof korreliert: Waldviertel-Süd 26%, Annaberg 32%, Piestingtal 37%, Puchberg 39% und Schwarzatal 41%.

2.2.2.3.4. Preisstruktur

Die Preistruktur der einzelnen Vermieterbetriebe ist einerseits von der Qualität und dem Umfang des Angebotes abhängig, ist jedoch andererseits gleichzeitig auch ein Mittel der Imagebildung, welche auf das spezifische Publikum abgestimmt ist. In der Motivationspalette steht die Preiswürdigkeit bei den Bauernhofgästen sehr weit vorne: 77% bezeichnen diese als ein für die Entscheidung „sehr zutreffendes" Motiv (RÖDLING I 1974, S. 88).

Im Durchschnitt liegt zwischen den Stufen verschiedener Verpflegsintensität eine Preisspanne von 25 bis 30 S; die Schwankungen für das gleiche Angebot zwischen den einzelnen Betrieben gehen nur selten über ± 30% hinaus und sind durch die jeweilige Individualität und Qualität des Angebotes bedingt. Die Preise für Win-

Tabelle 15: Durchschnittspreise für Frühstücks-, Halb- und Vollpension in S (1976)

	Frühstücks-	Halb-	Vollpension
0 Waldviertel	52,–	91,–	125,–
1 Alpenvorland	53,–	80,–	107,–
3 NÖ-Kalalpen	49,–	97,–	123,–
4 Alpenostrand	62,–	104,–	126,–
5 Bucklige Welt	52,–	91,–	124,–
NÖ ⌀	56,–	96,–	121,–

Quelle: LLK-NÖ-Erhebung.

tervermietung liegen unabhängig von der Verpflegsintensität um etwa 10–15 S über den Sommerpreisen.

Die regionale Differenzierung des Preisniveaus (hier nur für die häufigste Form der Frühstückspension dargestellt) korreliert ziemlich deutlich mit qualitativen Merkmalen des Angebotes, läßt aber auch unterschiedliche Lagebedingungen erkennen: Als Niedrigpreisgebiete erweisen sich die Teilräume Hochwaldviertel, Gföhlerwald, Pielachtal, Traisental, Bucklige Welt-Nord, wo das Schwergewicht der Preise unter 50 S liegt; es handelt sich um angebotsferne, schwach entwickelte Gebiete (Waldviertel) und um Gebiete mit einer traditionell kaufkraftschwachen Nachfrage (Bucklige Welt). Ein recht hohes Preisniveau besteht in der Wachau, in Annaberg, besonders aber am gesamten Alpenostrand, wo vor allem die Nähe zu Wien (Städtetourismus) und eine traditionell kaufkräftigere Nachfrage im gesamten Fremdenverkehr die Struktur bestimmen.

2.2.2.3.5. Angebotstypen

Nimmt man die Hauptkriterien des Angebots „Urlaub auf dem Bauernhof" zusammen – Bettenzahl pro Betrieb, Art der Vermietung (Fristigkeit), bauliche Gestaltung und Integration vermieteter Zimmer oder Wohneinheiten (Zimmervermietung, Ferienwohnungen, Appartements, Bungalows), Verpflegsintensität, Privatzimmervermietung oder Konzession usw. –, so lassen sich folgende Angebotstypen definieren, welche eine deutliche Korrelation mit der „Stufentheorie" der Entwicklung des Urlaubs auf dem Bauernhof erkennnen lassen (vgl. Kap. 1.1.; auch: Urlaub auf dem Bauernhof 1974, S. 2: Vermietungsarten):

A *Gewerbliche Konzessionsbetriebe:* Durch den Erwerb einer Konzession wird die Möglichkeit erworben, den Betrieb gewerblich zu führen, die Begrenzung auf 10 Betten fällt weg. Arbeitswirtschaftlich sind diese Betriebe wohl nur mehr durch unselbständiges, familienfremdes Personal zu führen. Die Verbindung mit dem bäuerlichen Betrieb bleibt und der Einsatz von Eigenprodukten wird weiterhin getätigt.

A1 *Vollpensionsbetriebe*

A2 *Frühstückspensionsbetriebe*

B *Bäuerliche Privatvermieter:* Als Privatvermieter unterliegen diese Betriebe der Beschränkung der Bettenzahl auf 10 Betten, das Zimmerangebot ist in den bäuerlichen Lebensbereich integriert. Die Ausstattungsqualität ist recht unterschiedlich, generell sind jüngere Betriebe besser ausgestattet.

B1 *Bäuerliche Privatvermieter mit erweitertem Verpflegsangebot:* Die Einschichtlage kann und wird zum Angebot eines erweiterten Verpflegsangebotes ausgenutzt. Arbeitswirtschaftlich ist dieses Angebot bei 10 Betten pro Betrieb nur mehr mit mindestens einer zusätzlichen Hilfskraft zu bewältigen.

B2 *Bäuerliche Privatvermieter mit Frühstücksverpflegung:* Durch die Lage bedingt (Nähe zum Gasthaus) oder arbeitswirtschaftlich begründet, umfaßt das Verpflegsangebot nur das Frühstück (und gelegentliche Zusatzmahlzeiten). Das Angebot von 10 Betten mit Frühstücksverpflegung erfordert 1 Vollarbeitskraft, sodaß sich die meisten Betriebe auf diese Form beschränken müssen.

B3 *Bäuerliche Privatvermieter von Zimmern oder Kleinwohnungen ohne Verpflegsangebot:* Diese arbeitswirtschaftlich für die bäuerliche Familie sehr günstige Form ist als traditionelle, z. T. sogar als Vorform des Urlaubs auf dem Bauernhof zu bezeichnen. Die Vermietung erfolgt meist für längere Zeiträume oder gar in Dauermiete, vielfach an ältere Stammgäste. Selbstversorgung der Gäste und niedriges Anspruchsniveau sind charakteristisch.

C *Bäuerliche Ferienwohnungsvermieter:* Als junger Trend entwickelt sich diese Form der Vermietung von voll ausgestatteten Wohneinheiten (Ferienwohnungen, Appartements, Bungalows), die ein wesentlich höheres Anspruchsniveau befriedigt, arbeitswirtschaftlich sehr günstig, aber kapitalintensiv ist. Die Vermietung erfolgt je nach Situation kurzfristig, langfristig oder in Dauermiete (eher im großstädtischen Einzugsbereich).

D *Bäuerliche Campingplatzvermieter:* Vermietung von Campingplätzen mit mehr oder minder intensiver Ausstattung mit Campingfolgeeinrichtungen und geringer Bindung an den bäuerlichen Betrieb ("farm camping").

Häufig finden sich bei bäuerlichen Vermieterbetrieben Kombinationen dieser Grundformen, insbesondere die Vermietung von Zimmern unterschiedlicher Verpflegsintensitäten mit dem Angebot von Kleinwohnungen, Ferienwohnungen, Appartements oder Bungalows.

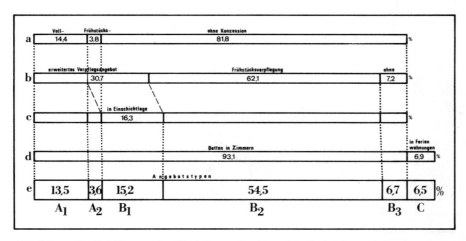

Abbildung 13: Schätzung der Verteilung der Vermieterbetriebe auf die Angebotstypen

Quelle: LLK-NÖ-Erhebung, Erhebung 1970

Für Niederösterreich läßt sich auf Grund der vorliegenden Daten folgende Bedeutung der einzelnen Angebotstypen im Rahmen des Urlaubs auf dem Bauernhof anstellen (vgl. Abb. 13): Die Konzessionsstruktur (a) weist einen Anteil der Vollkonzessionsbetriebe von 14,4%, der Frühstückspensionen von 3,8% und der nicht konzessionierten Privatvermieter von 81,8% aus. Die Verpflegungsstruktur (b) zeigt, daß 30,7% der Betriebe eine erweiterte Verpflegung anbieten und als Grundlage eine Konzession oder eine Einschichtlage aufweisen. 62,1% bieten nur Frühstück, 7,2% außer der Möglichkeit der Küchenbenutzung keine Verpflegung. Integriert man diese beiden Strukturreihen (c), so zeigt sich, daß 16,3% aller Vermieterbetriebe als bäuerliche Privatvermieter ihre Einschichtlage zum Angebot einer erweiterten Verpflegung ausnützen, d. h., daß nur etwa die Hälfte der Betriebe in Einschichtlage (40,9% aller Vermieterbetriebe) von dieser Möglichkeit Gebrauch machen. Stellt man weiter in Rechnung, daß 6,9% des Bettenangebotes im Rahmen „Urlaub auf dem Bauernhof" auf Betten in Ferienwohnungen entfallen (d), so kann folgende Verteilung der oben beschriebenen Angebotskategorien geschätzt werden (e): Gewerbliche Konzessionsbetriebe mit Vollpension (A1) 13,5%, mit Frühstückspension (A2) 3,6%, bäuerliche Privatvermieter mit erweitertem Verpflegsangebot (B1) 15,2%, bäuerliche Privatvermieter mit Frühstücksangebot (B2) 54,5%, bäuerliche Privatvermieter von Zimmern oder Kleinwohnungen ohne Verpflegsangebot (B3) 6,7% und bäuerliche Vermieter von Ferienwohnungen (C) mit 6,5%. Das quantitative Ausmaß der Vermietung von Campingflächen (D) ist in Niederösterreich noch unbedeutend (Beispiele bei Türnitz und Traisen).

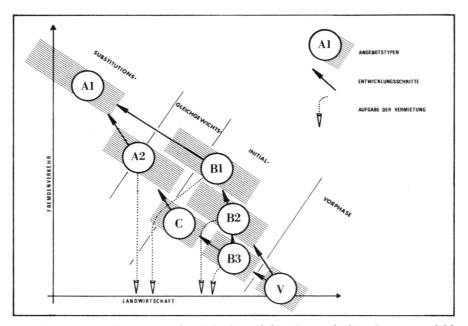

Abbildung 14: Angebotstypen des Urlaubs auf dem Bauernhof im Spannungsfeld zwischen landwirtschaftlichem und Vermietungseinkommen

Quellen: LLK-NÖ-Erhebung; Erhebung 1976.

Diese Angebotstypen (vgl. Abb. 14) repräsentieren charakteristische Stadien innerhalb des Spannungsfeldes zwischen Landwirtschaft und Fremdenverkehr (vgl. Stufentheorie der Entwicklung, Kap. 1.1.3.). Sowohl die Vorformen (V) als auch die bäuerlichen Vermietungsformen im engeren Sinn (B1, B2, B3, C) liegen in jenem Bereich, in dem die Landwirtschaft im Einkommen dominiert bzw. der Einkommensbeitrag des Fremdenverkehrs fast nicht spürbar wird. Ein Gleichgewichtsstadium ist bei diesen Angebotstypen kaum erreichbar. Die typische Angebotsform, bei der ein weitgehendes Gleichgewicht zwischen Landwirtschaft und Vermietung erreicht werden kann, ist die Frühstückspension (A2). Dominant wird die Gästebeherbergung gegenüber der Landwirtschaft praktisch nur bei vollkonzessionierten Betrieben (A1), bei denen die Landwirtschaft als Erwerbsbasis deutlich in den Hintergrund tritt und durch den Fremdenverkehr substituiert wird.

2.2.2.3.6. Strukturräume des Angebots

Auf Grund der Angebotsstrukturierung in den einzelnen Teilräumen des Urlaubs auf dem Bauernhof, also unter Berücksichtigung des Bestandes an Angebotstypen der qualitativen Ausstattung und wichtiger Sonderbedingungen in den einzelnen Teilräumen lassen sich für Niederösterreich folgende drei Strukturraumtypen des Urlaubs auf dem Bauernhof unterscheiden (Abb. 15):

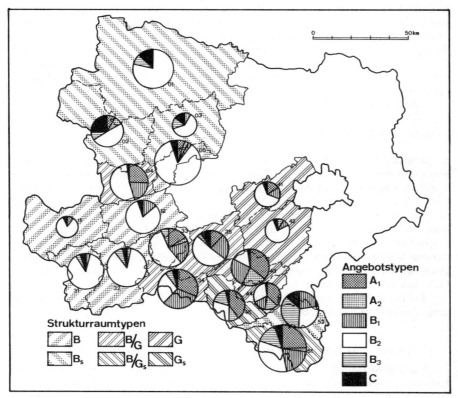

Abbildung 15: Regionalstruktur des Urlaubs auf dem Bauernhof
Abkürzungen siehe Text.
Quelle: LLK-NÖ-Erhebung.

Strukturräume des Urlaubs auf dem Bauernhof mit stark bäuerlichem Charakter (B): Die Zahl der Konzessionsbetriebe, aber auch jener mit erweitertem Verpflegsangebot ist eher gering, die bäuerlichen Privatvermieter dominieren, wobei die Ausstattung im sanitären Bereich und mit Zusatzeinrichtungen eher mittelmäßig bleibt. Charakteristisch dafür sind die Teilräume des südwestlichen Niederösterreichs (Ybbstal, Erlauftal – Teilräume 11, 12, 31, 32) sowie die Wachau (Teilraum 05) mit der besonderen Verbindung zum Weinbau („Urlaub auf dem Winzerhof").

Sonderfälle dieses bäuerlichen Typs (B_s) sind der Nordteil des Waldviertels (Teilräume 01, 02, 03) mit starkem Auftreten von Ferienwohnungen (Angebotstyp C) besonders im Teilraum Hochwaldviertel, aber auch mit Auftreten verpflegsloser Zimmervermietung (Angebotstyp B3) – hier überlagern sich jüngere und ältere Entwicklungen, sodaß auch recht unterschiedliche Qualitäten des Angebots auftreten. Eine Sonderform findet sich auch in der Buckligen Welt-Nord (Teilraum 52) mit einer Mischung starker Anteile der verpflegslosen Zimmervermietung (Angebotstyp B3) mit hohen Anteilen von Ferienwohnungen (Angebotstyp C) und gleichzeitig starkem Auftreten von erweitertem Verpflegsangebot (Angebotstyp B1).

Strukturräume des Urlaubs auf dem Bauernhof mit Dominanz bäuerlich-gewerblicher Mischformen (B/G): Der Anteil der Konzessionsbetriebe ist deutlich erhöht, das erweiterte Verpflegungsangebot tritt häufig auf (Angebotstypen A1, A2 und B1) und die Betriebsgrößen liegen deutlich über der rein bäuerlichen Vermietung. Die Entwicklung des Urlaubs auf dem Bauernhof befindet sich bereits in einem reiferen Stadium. Typisch dafür sind das Teilgebiet Waldviertel-Süd (04), die Teilräume Pielachtal (33) und Traisental (35) und besonders Annaberg (34), wo eine recht reife Entwicklung zu starker Durchmischung von gewerblichen und bäuerlichen Betrieben mit erweitertem Verpflegsangebot mit durchwegs guter qualitativer Ausstattung besteht.

Ein Sonderfall (B/G_s) innerhalb dieses Typus ist der Hochwechsel (Teilraum 51), wo zusätzlich zu dieser Mischstruktur die verpflegslose Zimmervermietung (Angebotstyp B3) stark auftritt (vgl. Teilräume 52 und 45).

Strukturräume des Urlaubs auf dem Bauernhof mit Dominanz gewerblicher Vermietungsformen (G): Sowohl die Betriebsgrößen als auch die Anteile der Konzessionsbetriebe und der Umfang des Verpflegsangebotes liegen überdurchschnittlich hoch, die Ausstattungsqualität ist meist wesentlich besser als in den anderen Teilräumen. Diese Merkmale sind der Niederschlag einer bereits sehr reifen Entwicklung des Urlaubs auf dem Bauernhof in diesen Gebieten. Der gesamte Alpenostrand (Teilgebiete 41, 42, 43, 44, 45) zählt dazu, wobei im Wienerwald durch die Auswirkungen des Städtetourismus ein qualitativer Hochstand gegeben ist, der durchaus gewerblicher Vermietung entspricht, die ja rein anteilsmäßig in diesen Teilräumen nicht besonders stark vertreten ist.

Als Besonderheit sei auf den hohen Anteil der verpflegslosen Zimmervermietung (Angebotstyp B3) im Schwarzatal (Teilgebiet 45) hingewiesen (G_s).

2.3. Struktur und Dynamik der Nachfrage

Zahlreiche Gästebefragungen und Untersuchungen über den Urlauber auf dem Bauernhof vermitteln ein hinreichend klares Bild der charakteristischen Nachfrageschicht (RÖDLING 1974/I, PEVETZ 1978, EISELT 1976), ihrer Motivation, Ansprüche, sozialen und demographischen Zusammensetzung. Es schält sich dabei eine Gruppenstruktur heraus, die durch eine recht starke Homogenität auffällt und die sich offensichtlich in ihrem Grundmuster wesentlich von den übrigen Nachfragesegmenten im Fremdenverkehr unterscheidet. Die Untersuchung von PEVETZ (1978) lieferte einen Hinweis darauf, daß sich die Nachfrage im östlichen Österreich sehr deutlich von der Homogenität anderer Räume abhebt. Es mußte daher eines der Ziele der vorliegenden Analyse sein, ein deutlicheres Bild der Nachfragestruktur zu erhalten.

2.3.1. Herkunftsstruktur

Für den niederösterreichischen Urlaub auf dem Bauernhof ist der Wiener Quellraum von entscheidender Bedeutung: Allein 62% aller Übernachtungen entfallen auf diesen Herkunftsraum. Ein Vergleich mit den niederösterreichischen Privatquartieren und Gesamtunterkünften (Tab. 16) zeigt sehr deutlich, daß die Gäste aus Wien das niederösterreichische Bauernhofangebot überproportional bevorzugen [37].

Ein hoher Prozentsatz von 22% der Übernachtungen auf Bauernhöfen entfällt auf die Gäste aus der BRD. Sie stellen im gesamtösterreichischen Urlaub auf dem Bauernhof die weitaus wichtigste Herkunftsgruppe dar (PEVETZ 1978, S. 21). Dennoch ist es erstaunlich, daß trotz Konkurrenzierung durch die für deutsche Gäste nähergelegenen fremdenverkehrsintensiven Bundesländer Tirol, Vorarlberg und Salzburg der niederösterreichische Bauernhof eine derartige Attraktivität auszuüben vermag.

Tabelle 16: Herkunftsstruktur der Bauernhofgäste

Gebiet	Übernachtungen 1979/80	davon in % aus:				
		Wien	übriges Österreich	BRD	Niederlande	übriges Ausland
0	39.845	55,0	11,1	30,7	0,7	2,5
1	6.023	50,9	8,1	34,6	4,9	1,5
2	3.212	74,8	16,6	4,5	1,7	2,4
3	48.651	54,4	17,5	24,4	1,3	2,4
4	14.559	65,5	10,4	17,7	3,3	3,1
5	24.295	86,8	6,6	2,2	0,1	4,3
Niederösterreich	136.585	61,8	12,5	21,6	1,3	2,8
Niederösterreich alle Fremdenunterkünfte 1979	5,981.122	44,5	28,4	17,8	3,8	5,5
Niederösterreich in Privatquartieren 1979	947.432	58,2	15,1	21,9	1,1	3,7

Quellen: Sonderauswertung 1979/80; Der Fremdenverkehr in Österreich im Jahre 1979.

[37] Nach PEVETZ (1978, S. 23) sind die Steiermark und Niederösterreich die Hauptzielräume der Wiener Bauernhofurlauber.

Sieht man von diesen beiden Hauptherkunftsgebieten ab, auf die bereits 84% alle Übernachtungen entfallen, so spielen die übrigen eine recht geringe Rolle: Nur rund 13% entfallen auf Gäste aus dem übrigen Österreich (außer Wien), vor allem aus Nieder- und Oberösterreich.

Alle übrigen Ausländer erreichen nicht einmal 3%. Unter diesen sind die Niederländer die wichtigste Gruppe. Bedeutendere Anteile gewinnen sie aber nur in den unmittelbar an Wien anschließenden Gebieten des Wienerwaldes, wo auf sie teilweise über 20% der Gästeübernachtungen entfallen. Als Übernachtungsmotiv steht hier zweifellos der Besuch von Wien sehr stark im Vordergrund. Ebenso erlangen sie entlang der Hauptverkehrsachsen durch das niederösterreichische Alpenvorland eine überdurchschnittliche Bedeutung.

Wie Abb. 16 zeigt, bestehen in der Herkunftsstruktur starke regionale Unterschiede: Räumen, in denen die Gäste aus Wien absolut dominieren, wie dem südlichen Waldviertel, dem Pielachtal, Traisental und vor allem dem Gebiet Bucklige Welt-Hochwechsel, stehen solche gegenüber, in denen die Gäste aus der BRD mehr als 40% der Gesamtübernachtungen erreichen (Wachau, Gföhler Wald und westlicher Teil der NÖ-Kalkalpen).

2.3.2. Familienstruktur

Die Fremdenverkehrsart „Urlaub auf dem Bauernhof" spricht eine recht scharf abgehobene Zielgruppe in besonderer Weise an, welche billige Unterkünfte in ruhi-

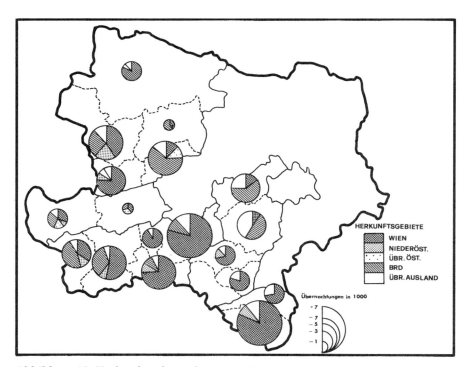

Abbildung 16: Herkunftsgebiete der Bauernhofgäste

Quelle: Sonderauswertung 1979/80.

ger, ländlicher Umgebung und engen Kontakt mit der Natur sucht, ohne besondere Ansprüche an die Fremdenverkehrsinfrastruktur zu stellen. Alle Untersuchungen weisen darauf hin, daß es vor allem die beiden Marktsegmente der Familien mit Kindern und der älteren Personen sind, welche diese Fremdenverkehrsart bevorzugen (PEVETZ 1978, S. 13 f. und RÖDLING I 1978). Allerdings dürften sich gerade die österreichischen und vor allem die Wiener Gäste dadurch von anderen Herkunftsgebieten unterscheiden, daß sie zu einem deutlich höheren Prozentsatz ohne Kinder ihren Urlaub auf Bauernhöfen verbringen (PEVETZ 1978, S. 26).

Auf Grund der Befragung von 1976 entfällt jeweils rund ein Drittel der Gesamtnachfrage auf Familien mit Kindern und auf ältere Personen. Einzelpersonen, vor allem aber jüngere Personen werden dagegen weniger angesprochen. Regional treten dabei deutliche Unterschiede auf, indem im Waldviertel, in den NÖ-Kalkalpen und in der Buckligen Welt Familien mit Kindern überdurchschnittlich vertreten sind, während in der Wachau und in Teilen des Alpenostrandes ältere Personen ohne Kinder stärker hervortreten.

Die beiden Fallstudien aus dem Gebiet von Annaberg und der Buckligen Welt, bei denen eine Auswertung der Gästebuchblätter erfolgte, zeigten ein differenzierteres Bild (Tab. 17).

Tabelle 17: Familienstruktur von Bauernhofurlaubern in der Gemeinde Annaberg, Juli 1979

Ehepaare und Einzelpersonen ohne Kinder	43%
Personen mit Kindern	57%
davon mit 1 Kind	32%
2 Kindern	19%
3 Kindern	6%

Quelle: Gästebuchblätter von 4 Betrieben mit Urlaub auf dem Bauernhof in der Gemeinde Annaberg; 100% = 53 Familien.

Eine Analyse der Familienstrukturen der Gäste in Annaberg (Tab. 17) zeigt, daß selbst während der schulfreien Zeit der Prozentsatz der Familien ohne Kinder recht groß ist [38].

Die Fallstudie aus der Gemeinde Aspangberg-St. Peter in der Buckligen Welt-Hochwechsel liefert ein noch klareres Bild, da hier alle Gästebuchblätter eines Jahres getrennt nach Landwirten und Nichtlandwirten ausgewertet wurden (Tab. 18) 85% aller „Familien" sind Einzelpersonen oder Ehepaare ohne Kinder. Nur 15% entfallen auf Familien mit Kindern. Sowohl in Annaberg als auch in Aspangberg-St. Peter zeigt sich, daß von „kinderreichen" Familien, wie sie vielfach als typisch für Urlaub auf dem Bauernhof angegeben werden und wie sie etwa EISELT in Oberösterreich empirisch nachweist, keine Rede sein kann: Es überwiegen ganz eindeutig die Ein- und Zwei-Kind-Familien. Dabei besteht in der Gruppenstruktur der Gäste kein wesentlicher Unterschied bei bäuerlichen und nichtbäuerlichen Vermietern.

---

[38] SCHWEMBERGER/HOLLER hatten demgegenüber für die ober- und niederösterreichischen Kalkvoralpen nur einen Anteil von 24% Gäste ohne Kinder, EISELT (1976, S. 61) für das oberösterreichische Alpenvorland einen Anteil von 12% gefunden. PEVETZ (1978, S. 26) kommt für Gesamtösterreich an unsere Werte eher heran, wenn er einen Anteil von 38% der Gäste ohne Kinder angibt.

Tabelle 18: Gruppengrößen der Feriengäste in der Gemeinde Aspangberg-St. Peter, 1978/79

Gruppen mit	Bäuerliche Vermieter absolut	in %	Nichtbäuerliche Vermieter absolut	in %	EISELT in %
1 Person	282	42,9	289	43,8	7,3
2 Personen	280	42,6	292	44,2	
3 Personen	72	11,0	63	9,5	23,4
4 Personen	19	2,9	11	1,7	37,7
5 Personen	4	0,6	2	0,3	20,1
6 Personen			3	0,5	7,3
7 Personen					1,8
8 Personen					1,1
9 Personen					1,1
Insgesamt	657	100,0	660	100,0	

Quellen: Auswertung der Gästebuchblätter der Gemeinde Aspangberg-St. Peter, 1. 9. 1978–31. 8. 1979; EISELT 1976, S. 64.

2.3.3. Altersstruktur

Österreichische und vor allem Wiener Urlauber auf Bauernhöfen zeigen gegenüber den deutschen Gästen eine sehr starke Überalterung (PEVETZ 1978, S. 25), sodaß der Pensionist und Rentner als der „typische" Bauernhofurlauber angesehen werden kann.

Die Untersuchung des Agrarwissenschaftlichen Institutes (PEVETZ 1978) ergab, daß 53% aller Gäste aus Österreich und sogar 59% der Gäste aus Wien älter als 50 Jahre sind. Unsere Ergebnisse aus der Gemeinde Aspang-St. Peter bestätigen dies

Tabelle 19: Altersstruktur der Gäste in %

Altersklassen:	Annaberg, Juli 1979 Bäuerliche Vermieter			Aspangberg-St. Peter 1979	
	Inländer	Ausländer	Insgesamt	Bäuerliche Vermieter	Nichtbäuerl.
−10	8,2	–	5,3	8,4	5,8
−20	4,9	9,1	6,4	10,2	10,1
−30	4,9	3,0	4,3	3,7	7,0
−40	44,3	24,2	37,2	11,5	11,1
−50	8,2	27,3	14,9	7,3	8,5
−60	4,9	21,2	10,6	15,4	12,9
−70	8,2	6,1	7,4	17,7	17,9
−80	14,8	9,1	12,8	19,9	21,5
über 80	1,6	–	1,1	5,7	5,2
100% = ... Personen	61	33	94	1.161	1.620

Quellen: Gästebuchblätterauswertungen; Zusatzerhebung 1979.

sehr deutlich: 59% aller Gäste sind hier über 50 Jahre alt, nur 8% entfallen auf Kinder unter 10 Jahre. Zwischen Urlaubern auf Bauernhöfen und bei nichtbäuerlichen Vermietern besteht kein wesentlicher Unterschied, wenn man von dem geringfügig höheren Prozentsatz der Kinder unter 10 Jahren auf Bauernhöfen absieht. Die Fallstudie Annaberg zeigt demgegenüber, daß sich die Altersstruktur während der Hauptsaison recht deutlich von den Ganzjahreswerten unterscheidet, indem die Gruppe der älteren Personen gegenüber der mittleren Altersklasse zurücktritt. PEVETZ (1978, S. 25) konnte in seiner Untersuchung ein ganz ähnliches Verhältnis zwischen Hauptsaison und Nebensaisonen finden.

2.3.4. Entwicklung der Nachfrage

Anders als bei der Darstellung der Entwicklung des Bettenangebotes wurde nach der Entwicklung der Ankünfte und Übernachtungen nur in den vier Jahren zwischen 1973 und 1976 gefragt. In diesem Zeitraum, der bereits zum Großteil in die Periode der Konjunkturabflachung nach dem Schock der Erdölpreiserhöhung fällt, ergab sich eine durchschnittliche jährliche Übernachtungssteigerung von 20%. Sie ist zurückzuführen auf die Verlängerung der durchschnittlichen Aufenthaltsdauer und auf die zwischen 1972 und 1974 erfolgte Ausbauphase von Fremdenzimmern am Bauernhof.

Gebiete, in denen der Urlaub auf dem Bauernhof bereits einen hohen Dichtegrad erreicht hatte (NÖ-Kalkalpen, Bucklige Welt), zeigten dabei deutlich geringere Zuwachsraten., Dagegen wiesen das Alpenvorland und das Waldviertel, insbesondere das Nördliche Waldviertel und das Gebiet Gföhler Wald, besonders hohe Steigerungsraten auf. Dieser Unterschied in der Dynamik ist in erster Linie auf die starke Zunahme der erstmaligen Vermietungen in Gebieten zurückzuführen, die bis 1970 kaum an dieser Beherbergungsform teilgenommen hatten. Eine Ausnahme macht das Gebiet Wienerwald-Nord, wo bereits vor 1970 relativ hohe Frequenzen gegeben waren.

Für das Gebiet Bucklige Welt-Hochwechsel wurde nach einer ordinalen Bewertung die Entwicklung zwischen 1976 und 1979 erforscht (Zusatzerhebung 1979). Dabei zeigte sich, daß die Beurteilungen der Übernachtungsentwicklung mit sehr gut und gut gegenüber jenen mit „schlecht" überwiegen. Die Betriebe mit Übernachtungszunahmen führten diese vor allem auf ihre gute Werbung zurück und erst sekundär auf qualitativ gutes Angebot und gute Lage. Ein bei manchen Betrieben im Jahre 1979 einsetzender Übernachtungsrückgang wurde als rein zufällig (Wetter, Bautätigkeit) angesehen.

Während der Erfolg somit durch eigene Leistung begründet wird, wird eine ungünstige Übernachtungsentwicklung überwiegend mit externen, nicht beeinflußbaren Verhältnissen und Vorgängen erklärt. Dazu wird das schlechte Wetter ebenso herangezogen, wie die Konkurrenz des Auslandes oder – zumeist ganz unreflektiert – das Ausbleiben der Stammgäste. Unsere Fallstudien aus den Gebieten Annaberg, südliches Waldviertel und Bucklige Welt haben gezeigt, daß es sich dabei fast durchwegs um Betriebe mit unzumutbaren qualitativen Voraussetzungen handelt, Betriebe, die jahrzehntelang durch Stammgäste mit minimalem Anspruchsniveau verwöhnt wurden und denen nun diese Gästeschicht wegstirbt.

Ein ganz ähnliches Bild einer sehr stark differenzierten Entwicklung zeigt sich im Nördlichen Waldviertel, einem Gebiet ganz junger Entwicklung der Bauernhof-Vermietung. Obwohl hier der Ausbau von Fremdenzimmern erst nach 1970 einsetzte, haben rund 24% aller Betriebe eine sehr ungünstige Entwicklung des Fremdenverkehrs, vor allem jene, die erst spät (ab 1974) mit der Vermietung begannen. Auch hier werden durchwegs ungünstige Umgebungsbedingungen als Erklärung herangezogen: Neben dem Wetter und dem ungünstigen Trend des Fremdenverkehrs im allgemeinen werden vor allem die periphere Lage und das Fehlen jeder touristischen Infrastruktur (schlechte Einkaufsmöglichkeiten, Gasthäuser kochen nicht, Fehlen von Freizeitanlagen) verantwortlich gemacht.

Tabelle 20: Entwicklung der Gästeanzahl und der Übernachtungen 1973−76 in Testbetrieben

Gebiet	Gäste 1973	Gäste 1976	Übernachtungen 1973	Übernachtungen 1976	Durchschnittliche Aufenthaltsdauer 1973	Durchschnittliche Aufenthaltsdauer 1976	Durchschnittliche Aufenthaltsdauer 1979/80 [a]
0	1.223	2.358	9.005	19.842	7,4	8,4	9,3
1	55	169	621	2.819	11,3	16,7	10,7
3	1.808	2.323	16.449	25.856	9,1	11,1	10,8
4	578	1.173	5.164	10.349	8,9	8,8	10,6
5	784	1.170	7.511	11.711	9,6	10,0	16,4
NÖ	4.448	7.193	38.750	70.577	8,7	9,8	10,8

Quellen: Erhebung 1976 und [a] Sonderauswertung, 1979/80.

2.3.5. Strukturräume der Nachfrage

Auf Grund von Merkmalskombinationen lassen sich — ähnlich wie dies bei der Analyse des Angebots durchgeführt wurde — größere Raumeinheiten mit charakteristischen Nachfragestrukturen unterscheiden. Als wichtigstes Gliederungsmerkmal tritt dabei die Herkunftsstruktur in den Vordergrund, vor allem die Frage, ob es sich um Wiener Gäste, sonstige Österreicher oder um Ausländer handelt. Das Herkunftsgebiet erscheint somit als einziges regional greifbares Merkmal, das allerdings wesentliche Differenzierungen in der sozio-demographischen Schichtung der Nachfrage enthält. Es lassen sich demnach drei Typen von Strukturräumen unterscheiden:

(A) *Strukturräume mit dominanter Nachfrage der Wiener.* Dieser Raum fällt im wesentlichen mit den älteren Traditionsräumen des Urlaubs auf dem Bauernhof zusammen, so mit den Gebieten Annaberg, Bucklige Welt, Puchberg, Erlauftal und Südliches Waldviertel. Es sind die landschaftlich bevorzugteren und einst von Wien relativ leicht erreichbaren Räume mit stärkerer Reliefierung. Daher weisen sie meist einen recht hohen Winteranteil und eine relativ gute Auslastung auf. Ihr großes Problem ist das Alter der Gästeschicht und die teilweise Überalterung der Vermieterbetriebe. Vielfach haben sich diese Räume zu Zweitwohnungsgebieten der Wiener entwickelt, die mit ihnen bereits lange verbunden sind.

(B) *Strukturräume der Ausländernachfrage.* Diese umfassen die Gebiete beiderseits der großen W−E-Verkehrsschiene durch das Alpenvorland und den Wienerwald, demnach die Gebiete Alpenvorland, Wachau einschließlich Gföhlerwald und das Obere Ybbs- und Erlauftal, somit Räume mit sehr unterschiedlichen natürlichen Voraussetzungen. Vermutlich ist auch die Motivation recht unterschiedlich, indem in Wiennähe das Motiv eines Wienbesuches im Vordergrund steht, während in der Wachau und in den Voralpentälern die Erholung dominieren dürfte. Da gerade Ausländer in überdurchschnittlich hohem Maße auf die Ferienmonate konzentriert sind, ergibt sich ein geringer Winteranteil, eine meist mittlere Auslastung und vielfach relativ kurze durchschnittliche Aufenthaltsdauer.

(C) *Strukturräume der relativ spät entwickelten Nachfrage:* In diesem Raum, der das Nordwaldviertel und Hochwaldviertel ebenso wie Traisen- und Piestingtal umfaßt, überwiegt die inländische Nachfrage, ohne daß die Wiener so dominierend in den Vordergrund treten wie in den Traditionsräumen. Diese Strukturräume besitzen grundsätzliche Eignung für den Wintersport, doch befinden sich zumeist attraktivere Räume in unmittelbarer Nähe, sodaß sie erst relativ spät vom Diffusionsprozeß ergriffen wurde. Dennoch ist der Winteranteil heute meist recht hoch, allerdings tritt vielfach eine sehr geringe Bettenauslastung auf.

3. Die Wechselbeziehungen zwischen Vermietung und Landwirtschaft

Durch die Aufnahme der Vermietung wird der Land- und Forstwirtschaft ein Wirtschaftssektor angeschlossen, der sowohl Ergänzungs- als auch Konkurrenzeffekte bewirkt. Es erhebt sich die Frage, wieweit unter den gegenüber der alpinen Fremdenverkehrslandschaft so stark unterschiedlichen Voraussetzungen des Urlaubs auf dem Bauernhof in Niederösterreich das eine oder das andere Prinzip in den Vordergrund tritt. Anders gesagt: Bewirkt die Vermietung die Schaffung wesentlicher Zusatzeinkommen, vermag sie die Landwirtschaft arbeitswirtschaftlich und ökonomisch zu stützen, stellt der Fremdenverkehr eine ökonomisch nicht vertretbare Belastung dar oder führt er — im Extremfall — zu einer Zerstörung der Landwirtschaft? Dieser Fragenkomplex kann nur beantwortet werden, wenn die Entwicklung der Vermietung nachgezeichnet wird, da gerade im niederösterreichischen Raum Teilgebiete mit sehr unterschiedlichem Entwicklungsgrad und damit differenzierter Problemsituation auftreten. Damit verbunden ist die Frage nach den Beweggründen und Impulsen, die zur innovativen Auslösung des Phänomens Urlaub auf dem Bauernhof führen. Sie leitet über zu Fragen der ökonomischen Bewertung, da wirtschaftliche Gründe (Schaffung eines Nebenerwerbs) ein wesentliches Motiv für den Vermietungsbeginn darstellen. Schließlich sollen die Auswirkungen auf den geographischen Raum untersucht werden, also die Frage, inwieweit die Fremdenzimmervermietung Umstrukturierungserscheinungen im Bereich der Land- und Forstwirtschaft auslöst.

3.1. Entwicklung der Vermietung auf Bauernhöfen

Eine Analyse der Fremdenverkehrsdynamik muß in drei entscheidende Teilbereiche zerlegt werden: In den Entscheidungsprozeß, in den Beginn der Zimmervermietung und in den weiteren Ausbau, der in der Regel schrittweise erfolgt.

3.1.1. Beginn der Zimmervermietung

Anders als in den alpinen Räumen des westlichen Österreichs, wo die Vermietung von Fremdenzimmern auf Bauernhöfen bereits eine lange Tradition aufweist, hat diese Form des Fremdenverkehrs erst relativ spät auf Niederösterreich übergegriffen: Weniger als 3% aller heute vermietenden Betriebe haben bereits vor 1945 mit der Vermietung begonnen (Abb. 17). Unsere Untersuchung hat gezeigt, daß sie im wesentlichen eine Erscheinung der Nachkriegszeit, besonders der Hochkonjunkturphase nach 1960 ist. Doch bestehen sehr charakteristische räumliche Unterschiede: Traditionelle Gebiete, in denen dieses Phänomen bis vor den Ersten Weltkrieg zurückzuverfolgen ist, stehen jungen und jüngsten Entwicklungsgebieten gegenüber, in denen vielfach die Vermietung erst nach 1970 einsetzte.

Es sind vor allem die vom naturräumlichen Erholungspotential begünstigten Räume in den NÖ-Kalkalpen, der Buckligen Welt, aber auch im Südlichen Waldviertel, in denen erste Vermietungsansätze bereits vor dem Ersten Weltkrieg und unmittelbar danach greifbar werden.

So beginnen etwa der Hof vulgo „An der Lassnig" in Annaberg bereits 1913, der Wagnerhof in Altenmarkt im Yspertal 1909, der Koglhof in Unternberg bei St. Corona 1924 und der Gstettnerhof in Rohr im Gebirge 1930 mit der Vermietung (Abb. 18). In diesen Räumen erfolgt in der Zwischenkriegszeit — ganz im Sinne der Innovationstheorie — eine fortschreitende Verdichtung. In der Phase zwischen 1945 und 1960 kommt es hier in Zusammenhang mit einem Ausbau der Höfe zu einer kräftigen Weiterentwicklung. Gleichzeitig beginnt sich die Zimmervermietung räumlich auszubreiten und erfaßt das obere Talgebiet der Traisen und das Gebiet von Puchberg am Schneeberg.

Ab 1960 setzt die Entwicklung auch in der Wachau und im Wienerwald ein, greift auf den gesamten Bereich der NÖ-Kalkalpen und den Nordteil der Buckligen Welt über und erfaßt nun auch das Hochwaldviertel.

Zwischen 1972 und 1974 setzt ein kurzer, aber außerordentlich starker Entwicklungsschub ein, der in allen Gebieten zu einer bedeutenden Verdichtung führt. Insbesondere im Pielachtal, um Scheibbs und um Waidhofen an der Ybbs kommen

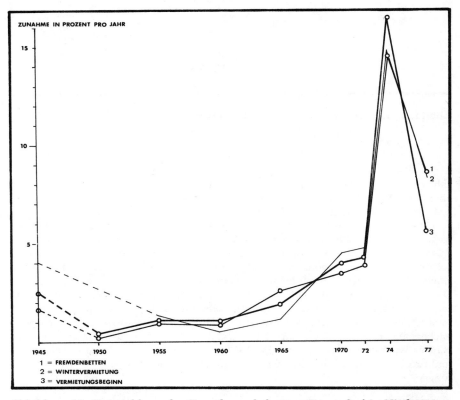

Abbildung 17: Entwicklung des Fremdenverkehrs am Bauernhof in Niederösterreich

Quelle: Erhebung 1976.

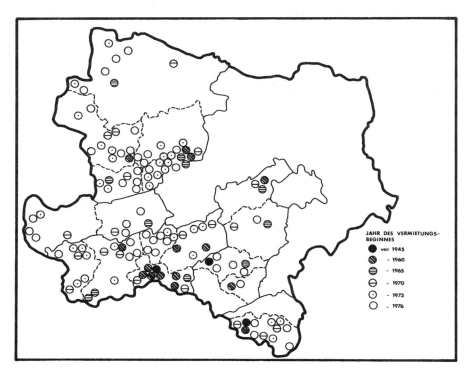

Abbildung 18: Beginn der Zimmervermietung in landwirtschaftlichen Betrieben

Quelle: Erhebung 1976.

zahlreiche neuvermietende Betriebe dazu. Diese Form der Vermietung erfaßt nun aber auch den naturräumlich weniger begünstigten Raum des Alpenvorlandes und — als jüngste Entwicklungslandschaft — das Nördliche Waldviertel.

Diese Entwicklung der Vermietung auf Bauernhöfen — so skizzenhaft sie auch wegen des Stichprobencharakters der Erhebung sein muß — trägt charakteristische Züge eines Innovationsprozesses, der in besonders begünstigten Gebieten von einzelnen Innovatoren begonnen wurde und der von diesen Primärzentren durch Nachahmung gegen den Widerstand traditioneller Beharrungen sich ausbreitet. Dabei bilden sich in weiter entfernt liegenden Gebieten neue Subzentren, die ihrerseits wieder zu neuen Ausstrahlungsmittelpunkten werden. Es soll dieser Frage des Innovationscharakters bei der Analyse des Entscheidungsprozesses noch weiter nachgegangen werden (vgl. Kap. 3.1.4. und 2.2.2.2.1.). Nach der außergewöhnlich starken Wachstumsperiode der Jahre 1972–74, welche mit der Spätphase des Konjunkturhochs zusammenfällt, zeigt sich ein deutlicher Rückgang der Neuvermietungen.[39]

---

[39] SCHWEMBERGER/HOLLER (S. 16) kommen in ihrer Untersuchung über den salzburgisch-oberösterr.-niederösterreichischen Kalkalpenraum zu einer sehr ähnlichen Verteilung. Nur ist bei ihnen der Anteil der Vermietungen vor 1960 größer. Auch die in ihrer Studie als absolutes und relatives Maximum hervortretende Periode zwischen 1971–75 ist nicht so kräftig ausgeprägt.

3.1.2. Ausbau der Bettenkapazität

Der Entwicklungsverlauf des Bettenausbaues geht annähernd (Abb. 17) parallel mit der Kurve des Vermietungsbeginns. Wie sich zeigte, besteht zwischen diesen beiden Variablen infolge des sukzessiv erfolgenden Bettenausbaues nur ein geringer direkter Zusammenhang. Aber es sind dieselben begünstigenden Faktoren (Wirtschaftskonjunktur, Gästenachfrage, Propagierung der Zimmervermietung durch die zuständigen Fachvertretungen), welche die weitgehende Parallelität beider Entwicklungskurven bewirken. Auch beim Bettenausbau erscheint das kräftige Maximum während der Phase 1972–74. In diesem kurzen Zeitraum wurden im Durchschnitt pro Jahr 15% der heutigen Bettenkapazität auf Bauernhöfen geschaffen!

Nach 1974 geht – ebenfalls parallel zum Vermietungsbeginn – der Bettenausbau in ganz Niederösterreich zurück, ohne freilich so drastisch wie jener abzufallen. Daraus kann geschlossen werden, daß sich das Schwergewicht des weiteren Kapazitätszuwachses nach 1974 auf den weiteren Ausbau des Bettenangebotes in bereits bestehenden Vermieterbetrieben verlagert hat. Zudem ist dieser Rückgang des Bettenausbaues gebietsweise nicht überall zu bemerken: In einzelnen Teilräumen, wie im Alpenvorland und am Alpenostrand, hat sich der Bettenzuwachs auch nach 1974 noch verstärkt (Erhebung 1976).

3.1.3. Aufstockungsmechanismen

Schon TOMASI (1978, S. 13) hat in ihrer Untersuchung über den Oberpinzgau auf den äußerst vorsichtigen Ausbau der Bettenkapazitäten in bäuerlichen Betrieben hingewiesen. In den Anfangsphasen begannen sie die Zimmervermietung mit einfachen Adaptierungen und in mehreren Etappen. Heute wird aber in der Regel die Zimmervermietung zusammen mit einem Neubau des Wohnhauses begonnen. Auch in Niederösterreich hat etwa die Hälfte aller vermietenden Betriebe ihre Bettenkapazität zumindest einmal aufgestockt, rund 15% sogar dreimal (Abb. 19).

Dies deutet darauf hin, daß die Vermietung in bäuerlichen Betrieben in sehr vorsichtiger Weise vorgenommen wird. Es scheint, daß die Betriebsleiter zu Beginn der Vermietung dem neuen Erwerbszweig noch skeptisch gegenüberstehen. Sie wollen in den Ausbau nicht zuviel Geld investieren, wollen abwarten, wie sich die Nachfrage entwickelt und ob sich die Abeitsspitzen bewältigen lassen. Erst einige Jahre nach Vermietungsbeginn erfolgt sukzessive – zumeist in mehreren Investitionsschüben – der weitere Ausbau. Vielfach geschieht dies genauso vorsichtig wie der Vermietungsbeginn, sodaß bereits nach wenigen Jahren eine neue Ausweitung ins Auge gefaßt wird.

In den meisten Fällen folgen die Phasen der Bettenaufstockung der Betriebe innerhalb weniger Jahre aufeinander: Bei 75% aller Kapazitätserweiterungen lagen der Vermietungsbeginn und die letzte Erweiterung nicht mehr als vier Jahre auseinander. Es gibt allerdings auch Fälle – vor allem in den alpinen Gebieten Niederösterreichs – wo die Bettenaufstockung erst nach mehr als 10 Jahren erfolgte. In der Regel handelt es sich dabei um Betriebe, welche erst während der Boomphase zu Beginn der siebziger Jahre an einen weiteren Ausbau schritten.

Besonders in der Buckligen Welt und im Waldviertel erfolgten aber die Aufstockungen in kürzeren Intervallen von zumeist weniger als 2 Jahren. Dies mag sicherlich durch den Beitrag der Eigenarbeitsleistung und durch Finanzierungsengpässe mitbegründet sein. Dennoch erscheint es fraglich, ob Kapazitätserweiterungen nach so kurzer Zeit sinnvoll sind. Eine vorausschauende Investitionsplanung hätte hier vermutlich in vielen Fällen Investitionskosten und den keineswegs attraktiven Anblick einer halbfertigen Beherbergung erspart.

3.1.4. Räumliche Ausbreitung der Vermietung

Die Entscheidung, mit der Vermietung einen neuen Erwerbszweig zu beginnen, ist zweifellos einer der schwerwiegendsten Entschlüsse, den ein Landwirt in seiner Funktion als Betriebsleiter zu fällen hat. Psychologische Studien (RÖDLING II, S. 17) weisen darauf hin, daß bei diesem Entscheidungsprozeß der Frau eine besonders wichtige Rolle zukommt. Dies zeigte sich auch bei unseren Befragungen, bei denen in der Regel die Frau die genaueren Auskünfte geben konnte und bei denen immer

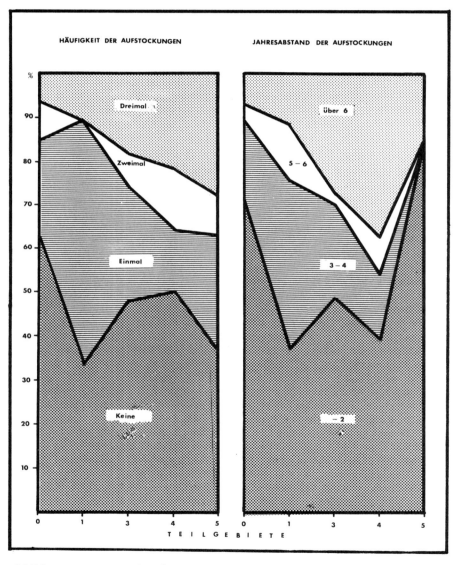

Abbildung 19: Bettenaufstockung

Urlaub auf dem Bauernhof 67

wieder anklang, daß der Betriebsleiter letztlich die Entscheidung selbst der Frau überlassen hatte.

Entscheidungsmotivationen und -impulse wurden bereits in einem vorhergehenden Kapitel (vgl. 2.2.2.2.1.) dargelegt. Hier soll die räumliche Ausbreitung untersucht werden. Dabei steht die Frage im Vordergrund, wieweit diesem Ausbreitungsvorgang ein innovativer Charakter zukommt und wieweit er sich daher mit diffusionstheoretischen Überlegungen begründen läßt. Es wurde dazu von der Überlegung ausgegangen, daß der Vermietungsbeginn durch das erfolgreiche Beispiel von Nachbarbetrieben wesentlich beeinflußt wird. Unsere direkte Frage, inwiefern das Beispiel von bereits vermietenden Betrieben den Vermietungsbeginn

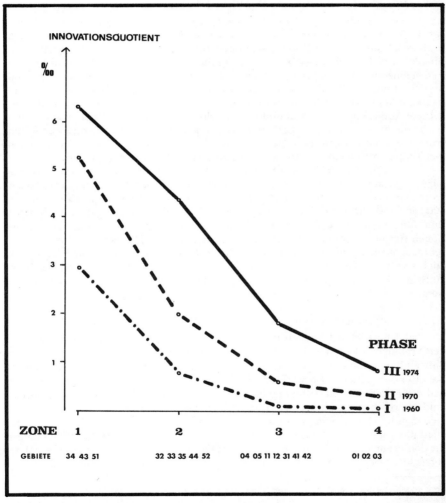

Abbildung 20: Phasen des räumlichen Diffusionsprozesses der Zimmervermietung auf Bauernhöfen

Quelle: Erhebung 1976.

gefördert hat, hatte ein weitgehend negatives Ergebnis. Es lag allerdings die Vermutung nahe, daß gewisse sozialpsychologische Hemmungen ein Bewußtwerden dieses Einflusses verhinderten.

Die Frage nach der Nennung von bekannten Betrieben, welche in der Vermietung vorangegangen waren, zielte darauf ab, auf indirektem Weg zu einer ähnlichen Aussage zu gelangen. Dabei konnten etwa in der Buckligen Welt 48% aller Befragten Betriebe nennen, die vor ihnen vermietet hatten, während dies im Nordwaldviertel nur bei 12% der Fall war (Zusatzerhebung 1979). Dafür zeigte sich, daß in den traditionellen Fremdenverkehrsräumen, wie der Buckligen Welt, auf Grund des bereits vorhandenen Erfahrungspotentials die Bedeutung der Beratung durch die Landwirtschaftskammer für den Vermietungsbeginn viel geringer war als in dem erst spät beginnenden Raum des Nördlichen Waldviertels.

Sodann wurde versucht, den Diffusionsprozeß an Hand der räumlichen Struktur des Vermietungsbeginnes nachzuvollziehen (Erhebung 1976). Wegen des Stichprobencharakters dieser Erhebung mußten allerdings eine Reihe von Restriktionen hingenommen werden: Der Innovationsquotient wurde dazu als Anteil der jeweils in den einzelnen Stichjahren (1960, 1970, 1974) vermietenden Betriebe an den land- und forstwirtschaftlichen Gesamtbetrieben (Land- und forstwirtschaftliche Betriebszählung 1970) in Promille ermittelt. Als Innovationszentrum wurden die Teilgebiete Annaberg, Piestingtal und Hochwechsel angesehen, in denen unsere Stichprobe die ältesten Vermietungen nachweisen konnte. Ausgehend von diesem Zentrum wurden drei Entfernungszonen unterschieden, indem jeweils die entsprechenden Teilgebiete gleicher Entfernung zusammengefaßt wurden (Abb. 20).

Der Diffusionsprozeß wurde sodann an drei Querschnitten (1960, 1970 und 1974) untersucht. In der Phase I (Anfangsstadium) vermieten im Innovationszentrum bereits 50% aller Betriebe. Gegenüber den umgrenzenden Zonen zeigt sich ein starker Gradient. Im Diffusionsstadium (1970) werden zentrifugale Effekte wirksam, die zu einer überproportional starken Vermietungsaufnahme in den äußeren Zonen führen [40]. In der Phase III (Verdichtungsstadium) ist der vom Innovationszentrum ausgehende Gradient bereits sehr flach, die entfernteren Zonen haben ihre Dichtewerte weitgehend angeglichen. In der Zone II erfolgte auf Grund besonders günstiger Voraussetzungen eine überdurchschnittlich starke Annahme der Innovation.

3.1.5. Investitionstätigkeit

Der Durchschnittsbetrieb investierte bis 1976 rund 339.000 S in den Ausbau der Fremdenverkehrseinrichtungen [41]. Die Höhe der Durchschnittsinvestition je Betrieb hängt von der Baustruktur, die ihrerseits eine Funktion von Hofform und Baualter darstellt, den Entwicklungschancen eines Raumes und damit der Möglichkeit der Kapitalamortisation und der Nachfragestruktur ab. Sie liegt im Alpenvorland, wo relativ ungünstige naturräumliche Voraussetzungen mit geräumigen, vielfach in gutem baulichem Zustand befindlichen Vierkant- und Vierseithöfen zusammenfallen, am niedrigsten. Im Waldviertel sind zwar günstigere Voraussetzungen für den Fremdenverkehr durch ein höheres naturräumliches Eignungspotential gegeben, doch besitzen die Dreiseithöfe in der Regel zu wenig leerstehende ehemalige

---

[40] Teilgebiete 41 und 42: Nähe zu Wien, Teilgebiete 04 und 05: Besonders günstige naturräumliche Voraussetzungen.
[41] Dabei wurde keine zeitliche Begrenzung der Investitionen vorgegeben. Sie umfassen daher sowohl den Beginn der Zimmervermietung als auch weitere Aufstockungsphasen, aber auch unterschiedliche Investitionszeiträume. Die Ergebnisse sind daher nur als grober Richtwert zu nehmen. Zudem wurden nur Geldaufwendungen angegeben, nicht aber der Wert der Eigenleistungen (Arbeit, Bauholz). Vgl. auch SCHULZ-BORCK/TIEDE 1973, S. 19.

Gesinderäume und sind in ihrer baulichen Substanz zu stark veraltet, um für einen einfachen Ausbau von Zimmern in Frage zu kommen. Trotz des späten Beginns der Fremdenzimmervermietung sind daher in diesem Gebiet die Investitionssummen deutlich höher. Weitaus die höchsten Werte werden im Haufen- und Paarhofgebiet der Buckligen Welt und im Gebiet Alpenostrand, in dem sich zumeist kleine, wenig ausbaubare Dreiseit-, Streck- und Hakenhöfe mischen, getätigt (Tab. 21).

Tabelle 21: Finanzierung des Ausbaues der Fremdenzimmer

Gebiet	Durchschn. Invest. je Betrieb in S	davon in % aus...				
		Landw.	Holz-verkauf	Grund-verkauf	Zinsverb. Kredite	Nicht zins-verb. Kredite
0	298.000	49,2	6,9	1,5	36,3	6,0
1	149.000	41,3	3,4	—	40,8	14,5
3	274.000	33,3	22,5	3,2	32,9	8,3
4	526.000	13,9	—	25,4	45,8	14,9
5	653.000	23,9	10,6	33,7	25,2	6,6
NÖ.	339.000	33,9	11,6	12,5	33,9	8,2

Quelle: Erhebung 1976.

Jeweils ein Drittel der Finanzierungmittel stammt in Niederösterreich aus der landwirtschaftlichen Produktion und aus zinsverbilligten Krediten. Dagegen ist der Beitrag des Holzverkaufes sehr gering, besonders wenn die Vergleichsdaten aus dem Oberpinzgau (TOMASI 1978) herangezogen werden. Dies dürfte in Zusammenhang mit dem relativ geringen Waldbesitz der niederösterreichischen Betriebe zu bringen sein (vgl. Kap. 2.2.2.1.). Der Grundverkauf liegt im Durchschnitt als Finanzierungsquelle deutlich über den Werten aus dem Oberpinzgau. Er spielt vor allem in einzelnen Teilgebieten eine recht entscheidende Rolle. Fremdkapital wird nur in geringem Maße zur Finanzierung herangezogen.

3.1.5.1. Holzverkauf als Finanzierungsmittel

Während in alpinen Gebieten der Holzverkauf die wichtigste Finanzierungsquelle für Großinvestitionen darstellt (TOMASI 1978), ist seine Bedeutung für den Fremdenzimmerausbau in Niederösterreich bescheiden.

Es besteht ein Zusammenhang zwischen der Flächengröße des Waldes und dem Finanzierungseinsatz des Holzverkaufes: Bis zu einer Waldfläche von etwa 4 ha wird der Wald in relativ geringem Maße als Finanzierungsquelle verwendet (Abb. 21). Dies ist nicht weiter erstaunlich, weil bei derart kleinen Flächen nicht immer genügend Holzmasse vorhanden ist und die Holzbodenfläche zudem überwiegend der Brennholznutzung und dem Eigennutzholzbedarf dient. Dagegen verwenden ab einer Waldfläche von 25 ha fast alle Betriebe ihre Waldfläche zur Finanzierung von Ausbauvorhaben.

Legt man die dem Wald entnommene Investitionssumme auf die Waldfläche der einzelnen Größenklassen um (Abb. 21), so erkennt man die Bedeutung, die dem Wald für die Finanzierung zukommt: Sie ist bei Kleinstwaldflächen bis zu 4 ha gering, steigt aber bei Betrieben mit Kleinwaldflächen (4–10 ha) stark an. Hier hat der Wald offensichtlich die Hauptfunktion als „Sparkasse des bäuerlichen Betrie-

Abbildung 21: Investitionsfinanzierung des Fremdenzimmerausbaus durch Holzverkauf

Quelle: Erhebung 1976.

bes". Mit steigender Waldfläche sinkt die Verwendungsintensität des Waldes wieder ab, weil die laufende Nutzholzgewinnung immer stärker in den Vordergrund tritt. Es werden bei dieser Größenklasse zwar von allen Betrieben die Wälder zur Finanzierung herangezogen, doch ist die Flächenbelastung durch derartige Investitionsvorhaben gering.

3.1.5.2. Grundverkauf als Finanzierungsmittel

Rund 13% der Finanzierung erfolgen durch Grundverkauf. Die Höhe dieses Anteils überrascht noch mehr, wenn man die regionale Verteilung betrachtet: In der Nähe des Ballungsraumes Wien–Wiener Becken steigt der Grundverkauf als Finanzierungslösung stark an, erreicht im Gebiet Alpenostrand bereits 25% und in der Buckligen Welt sogar 34% der Gesamtinvestitionssumme (Tab. 22).

Tab. 22: Finanzierung durch Grundverkauf nach Betriebsgrößen

Betriebs-größen-gruppen LN in ha	Betriebe Gesamte LN (ha)	Zahl	davon... ohne Grundverkauf	mit Grundverkauf	in %[a]	Investitionen aus Grund-verkauf in 1.000,– S	in S je ha LN
unter 4	20,5	8	8	–	0,0	–	–
4–20	600,4	48	40	8	16,7	1.858	3.095
über 20	460,0	19	17	2	10,5	450	978
Insgesamt	1.080,9	75	65	10	13,3	2.308	2.135

[a] Anteil der Betriebe mit Grundverkauf an den gesamten Betrieben.
LN = Landwirtschaftliche Nutzfläche
Quelle: Erhebung 1976.

Ähnlich wie beim Waldbesitz zeigt sich auch bei der Finanzierung des Fremdenzimmerausbaues durch Grundverkauf ein Zusammenhang mit der Größe der Landwirtschaftlichen Nutzfläche: Kleinere Betriebe führen keine Finanzierung durch Grundverkauf durch, da sie dadurch ihre betriebliche Existenz gefährden würden [42].

Bodenarme bis bodengesättigte Familienbetriebe greifen dagegen am stärksten zur Finanzierung durch den Grundverkauf: 17% aller Betriebe zwischen 4 und 20 ha Landwirtschaftlicher Nutzfläche suchten diesen Finanzierungsweg. Dies mag darauf zurückzuführen sein, daß sie einerseits bereits so viel Fläche haben, daß sie durch den Grundverkauf ihre bäuerliche Existenz nicht aufs Spiel setzen müssen, daß sie aber andererseits nicht genügend Fläche und damit Produktionskraft besitzen, um die Finanzierung allein aus der landwirtschaftlichen Produktion vornehmen zu können.

Betriebe mit über 20 ha Landwirtschaftlicher Nutzfläche verkaufen ebenfalls Grund, doch in deutlich geringerem Maße als die mittlere Größenklasse, da sie ihren Investitionsbedarf aus der Landwirtschaft bzw. aus dem Wald decken können.

Tabelle 23: Verhältnis von Grund- und Holzverkauf bei der Investitionsfinanzierung

Finanzierungsart:	Gebiete 0	1	3	4	5	Summe	in %
Betriebe							
ohne Grund- u. Holzverkauf	69,0	83,3	35,7	50,0	33,3	41	52,6
nur mit Grundverkauf	–	–	–	50,0	22,2	5	6,4
nur mit Holzverkauf	24,1	16,7	53,6	–	22,2	25	32,1
mit Grund- u. Holzverkauf	6,9	–	10,7	–	22,2	7	9,0
	100,0	100,0	100,0	100,0	100,0	78	100,0

Quelle: Erhebung 1976.

[42] Allerdings sind aus Gründen der Auswahlkriterien Betriebe, die möglicherweise ihre Landwirtschaft nach einem größeren Grundverkauf aufgegeben haben, nicht enthalten.

Tab. 23 zeigt die unterschiedlichen Kombinationsarten von Grund- und Holzverkauf bei der Investitionsfinanzierung: Obwohl nach der Investitionssumme der Holzverkauf etwas niedriger als der Grundverkauf liegt, machen doch bedeutend mehr Betriebe vom Holzverkauf Gebrauch: In rund einem Drittel aller Finanzierungsfälle erfolgte die Aufbringung der Barmittel durch Holzverkauf und ohne gleichzeitigen Grundverkauf. Eine Finanzierung durch Grundverkauf allein findet sich nur am Alpenostrand und in der Buckligen Welt, erreicht hier aber große Bedeutung. Alle Betriebe, die ihren Eigenmittelbedarf nur durch Grundverkauf (ohne Holzverkauf) deckten, sind Betriebe mit geringer Waldausstattung (unter 4 ha Wald). Sie sind offensichtlich durch ihre unzureichende Waldfläche zum Grundverkauf gezwungen. Es kann erwartet werden, daß sie daher nicht nur Grenzertragsböden verkaufen, sondern direkt die betriebliche Bodensubstanz angreifen müssen.

3.1.5.3. Finanzierung durch Fremdkapital

Die Förderung der Investitionstätigkeit durch Förderungsmittel ist neben dem Einsatz von Bargeld aus der Landwirtschaft die wichtigste Finanzierungsquelle. Es handelt sich dabei um zinsverbilligte Kredite (AIK, Kredit zur Verbesserung des Standards der Privatzimmer) und um nichtrückzahlbare Zuschüsse im Rahmen der landwirtschaftlichen Regional- und Grenzlandförderung.

Während TOMASI (1978) im Oberpinzgau eine sehr geringe Inanspruchnahme von Fremdkapital findet (15% aller Betriebe) und auch Werte aus der BRD auf eine vergleichsweise geringe Bedeutung hinweisen [43], gibt es in Niederösterreich kaum einen Fremdenzimmerausbau ohne Inanspruchnahme von Fremdkapital (Tab. 24). Dabei überwiegen zinsverbilligte Kredite hinsichtlich der Häufigkeit des Einsatzes und nach der Kapitalhöhe weitaus.

Tabelle 24: Fremdfinanzierung des Fremdenzimmerausbaues

Finanzierung durch:	Betriebe	%
Ausschließlich zinsverbilligte Kredite	43	55,1
Zinsverbilligte und sonstige Kredite	25	32,1
Ohne Kredite	10	12,8
Summe der Beantwortungen	78	100,0

Quelle: Erhebung 1976.

Nur ein kleiner Prozentsatz der Betriebe finanzierte den Fremdenzimmerausbau ohne Inanspruchnahme zinsverbilligter Kredite. Diese Betriebe verzichteten dabei durchwegs auf eine Fremdfinanzierung, d. h. sie beanspruchten auch keine nichtzinsverbilligten Kredite. Diese Betriebe deckten ihren Investitionsbedarf zur Gänze aus den Erträgen der landwirtschaftlichen Produktion. Die Betriebsgrößen und damit die landwirtschaftliche Produktionskraft spielen dabei offensichtlich eine geringere Rolle als die grundsätzliche Haltung gegenüber einer Fremdfinanzierung, da die Betriebe ohne Aufnahme von Fremdkapital alle Größen von 1–19 ha

---

[43] RÖDLING II 1974, S. 36: Selbstfinanzierung durch 66% aller Betriebe, Inanspruchnahme von Zuschüssen: 34%.

Urlaub auf dem Bauernhof 73

Landwirtschaftlicher Nutzfläche umfassen. Nur in einem Fall erfolgte die volle Finanzierung einzig und allein durch Grundverkauf. 32% aller Betriebe haben nichtzinsverbilligte Kredite in Anspruch genommen – in allen Fällen aber neben den verbilligten Krediten. Stets sind die Investitionssummen der nichtzinsverbilligten Kredite gering. Sie machen insgesamt nur 8% des Gesamtinvestitionsvolumens aus.

3.2. Strukturkennziffern zur ökonomischen Wertung der Vermietung

Die Erzielung eines Zusatzeinkommens ist das wichtigste Ziel der landwirtschaftlichen Zimmervermietung. Demnach kann der Erfolg zu einem wesentlichen Teil nach ökonomischen Maßstäben (Rentabilitätskriterien) gemessen werden. Zu ihrer Beurteilung wurden einige der wichtigsten Strukturkennziffern der Fremdenzimmervermietung entwickelt und regional aufgegliedert.

3.2.1. Durchschnittliche Aufenthaltsdauer

Die durchschnittliche Aufenthaltsdauer ist auf Bauernhöfen in der Regel deutlich länger als in gewerblichen und privaten Unterkünften. Übereinstimmend wird in der Literatur eine Dauer von 2–3 Wochen angegeben (RÖDLING II, S. 53, PEVETZ

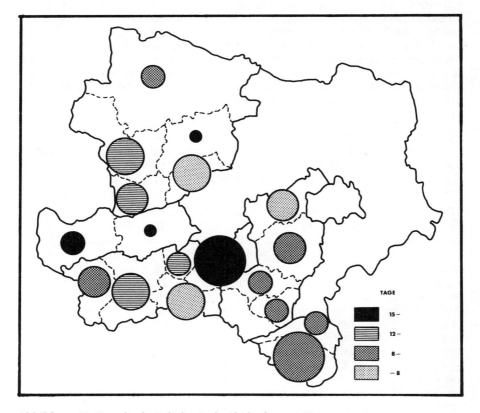

Abbildung 22: Durchschnittliche Aufenthaltsdauer 1976

Quelle: Erhebung 1976.

1978, S. 32, EISELT 1976). In der BRD beträgt die durchschnittliche Aufenthaltsdauer bei deutschen Gästen 18 Tage, bei Ausländern 15 Tage (SCHULZ−BORCK/TIEDE 1974). Allerdings bestehen starke regionale Unterschiede. So beträgt sie in Baden-Württemberg (SCHULZ−BORCK/TIEDE 1973, S. 16 f.) nur 11,2 Tage.

Sowohl die von uns durchgeführte Fragebogenerhebung (1976: 9,8 Tage) als auch eine Auswertung der für das Fremdenverkehrsjahr 1979/80 erstmals vorliegenden Ergebnisse des Österreichischen Statistischen Zentralamtes (10,8 Tage) und die Fallstudien zeigen im Gegensatz dazu ein anderes Gästeverhalten auf niederösterreichischen Bauernhöfen: Die durchschnittliche Aufenthaltsdauer besitzt zwar steigenden Trend (Tab. 20), liegt aber unter den Vergleichswerten aus niederösterreichischen Privatquartieren und weit unter den Werten anderer Gebiete.

Regional bestehen dabei sehr wesentliche Unterschiede (Abb. 22): Eine sehr geringe Aufenthaltsdauer weisen vor allem die Wachau, das Gebiet von Annaberg und der Wienerwald auf. Während als Erklärung für Annaberg die relativ starke Bedeutung der Wintersaison herangezogen werden kann, bei der kurzfristige Aufenthalte durchaus üblich sind, kann für die Wachau und den Wienerwald der starke Anteil des Wochenend- und Besichtigungsverkehrs als Erklärung dienen. Vor allem im Wienerwald dürfte die Funktion der Bauernhöfe als vergleichsweise billige Quartiere für Wienbesuche eine wesentliche Rolle spielen. Daneben gibt es Gebiete mit ausgesprochen langer Aufenthaltsdauer, wie das Traisen-, Pielach- und obere Erlauftal sowie Teile des Waldviertels.

Zwei Fallstudien aus Annaberg und der Gemeinde Aspangberg-St. Peter (Tab. 25) zeigen einen hohen Anteil der Aufenthalte unter einer Woche (rund ein Drittel) und den im Vergleich dazu relativ geringen Anteil der Zwei- und Drei-Wochen-Urlaubsaufenthalte. In Aspangberg-St. Peter wird darüber hinaus der Einfluß der Dauermietwohnungen und Zweitwohnsitze erkennbar.

3.2.2. Frequenzverteilung

Die Verteilung der Übernachtungen auf die einzelnen Monate des Jahres (Abb. 23) zeigt eine sehr starke Konzentration auf die Spitzenmonate Juli und August, in denen mehr als 50% der Übernachtungen des Jahres erfolgen. Dieser Konzentra-

Tabelle 25: Struktur der Aufenthaltsdauer in den Beispielgebieten Annaberg und Aspangberg-St. Peter und in Vergleichsräumen

Aufenthalts-dauer in Wochen	Annaberg[a]	Aspangberg-St. Peter[b] Bäuerliche Vermieter	Nichtbäu.	Oberöst. Alpenvor-land[c]	Österr.[d]	BRD[e]
− 1	28,7	37,7	35,4	2,6	6,5	24
− 2	33,8	34,7	29,8	35,5	} 77,5	45
− 3	35,3	15,9	13,6	49,8		31
− 4	2,2	6,4	5,4	7,7	9,2	−
über 4	−	5,3	15,8	4,4	6,8	−

Quellen:
[a] Auswertung der Gästebuchblätter, Juli 1979.
[b] Auswertung der Gästebuchblätter, 1. 9. 1978−31. 8. 1979.
[c] EISELT 1976.
[d] PEVETZ 1978, S. 33.
[e] RÖDLING II 1974, S. 53.

Urlaub auf dem Bauernhof

tionsgrad liegt über dem österreichischen bzw. niederösterreichischen Durchschnitt, wird aber von den Übernachtungen in niederösterreichischen Privatquartieren noch übertroffen. Vergleichsweise schwach ist vor allem die Wintersaison (Dezember—März) entwickelt. Dies hängt mit den recht bescheidenen Wintersport-

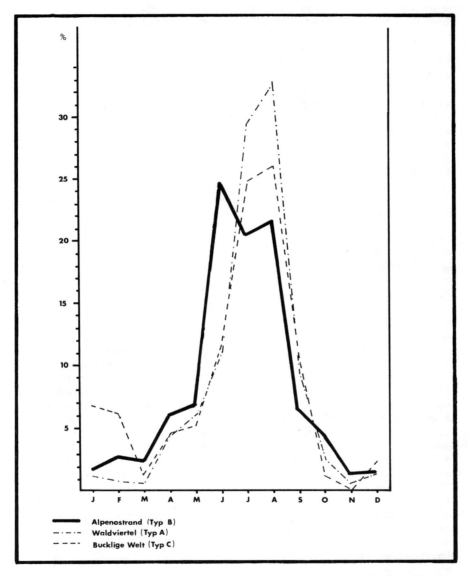

Abbildung 23: Typen der Frequenzverteilung auf niederösterreichischen Bauernhöfen

Quelle: Erhebung 1976

möglichkeiten in Niederösterreich und vor allem in den Räumen mit „Urlaub auf dem Bauernhof" zusammen (vgl. Kap. 2.2.1.2.).

Dafür dauert allerdings die Sommersaison deutlich länger als im niederösterreichischen Durchschnitt: Die Werte der Frequenzkurve liegen bei den Bauernhofurlaubern zwischen April und Oktober über den gesamtösterreichischen. Nur die niederösterreichischen Durchschnittswerte, in denen aber ein hoher Anteil gewerblicher Beherbergungsbetriebe enthalten ist, weisen eine noch günstigere saisonale Breite der sommerlichen Übernachtungen auf.

Dabei lassen sich drei Typen der Frequenzverteilung unterscheiden (Abb. 23): Typ A besitzt gering entwickelte oder fehlende Wintersaison und einen extrem hohen Konzentrationsgrad auf die Monate Juli und August. Typ B hat ebenfalls gering entwickelte Wintersaison, zeigt aber deutlich breitere Sommersaison, mit stärkeren Übernachtungen im April, Mai und September. Dieser Typ entspricht am ehesten dem niederösterreichischen Durchschnitt. Typ C hat neben einer zumeist recht breit entwickelten Sommersaison eine kräftige Wintervermietung und somit zweisaisonalen Charakter.

Zum Typ A gehören jene Gebiete, in denen infolge ungenügender Reliefenergie und Winterdeckendauer der Ausbau eines Winterfremdenverkehrs bis heute weitgehend unterblieben ist, während gleichzeitig die Sommersaison durch ungünstigeres Klima (hohe Niederschläge, kühle Temperaturen) zeitlich begrenzt ist. Dazu gehören der Großteil des Waldviertels, das Pielachtal- und Piestingtal (Abb. 25).

Zum Typ B zählen jene Gebiete, in denen ebenfalls auf Grund unzureichender Reliefenergie und Schneeverhältnisse der Aufbau einer Wintersaison kaum möglich ist, die aber von der Nähe zum Fremdenverkehrszentrum Wien [44] oder vom Tages- und Wochenendausflugsverkehr profitieren. Dazu gehören die Gebiete Wienerwald und Wachau einschließlich des Gföhler Waldes sowie die Region Strengberge–Unteres Ybbstal.

Zum Typ C gehören alle jene Gebiete, in denen eine Wintersport-Infrastruktur bereits aufgebaut wurde, von der neben den gewerblichen Beherbergungsbetrieben auch bereits die vermietenden landwirtschaftlichen Betriebe profitieren konnten.

Die starken Frequenzschwankungen wirken sich zweifellos nachteilig auf die Auslastung der Beherbergungskapazitäten am Bauernhof und damit auf die Rentabilisierung des investierten Kapitals aus. Es handelt sich aber einerseits um ein *gesamtösterreichisches Problem*, da derartig hochkonzentrierte Frequenzverläufe auch für nichtlandwirtschaftliche Vermietungen charakteristisch sind, andererseits um ein *generelles Problem der Fremdenverkehrsform „Urlaub auf dem Bauernhof"*, zeigen doch vergleichbare Untersuchungen aus dem Gebiet der BRD [45] ähnlich hohe Konzentrationswerte auf die Monate Juli und August.

Wie PEVETZ (1978, S. 31) zeigen konnte, ist der Konzentrationsgrad bei Gästen aus der BRD viel stärker ausgeprägt (58% auf Juli und August) als bei Österreichern (47%) oder Wienern (44%). Dies hängt nicht zuletzt mit dem überproportional hohen Anteil der Pensionisten an den österreichischen und Wiener Urlaubern zusammen. Grundsätzlich ergibt sich daraus die Möglichkeit, das Angebot an Bauernhofbetten während einer relativ breiten Saison zu nutzen. Darüber hinaus besteht bei österreichischen Urlaubern eine deutliche Präferenz zur Aufspaltung von Winter- und Sommerurlaub (PEVETZ 1978, S. 31). Abb. 24 zeigt an Hand einer Fallstudie aus dem

---

[44] Zu Ostern 1979 war z. B. das Gebiet Wienerwald das einzige Gebiet in Niederösterreich, das bereits vorzeitig (d. h. mindestens 1 Woche vorher) ausgebucht war.
[45] PEVETZ 1978, S. 15. In der von SCHULZ–BORCK/TIEDE 1973 durchgeführten Untersuchung entfallen auf die Monate Juli und August 53% aller Übernachtungen und weitere 25% auf Juni.

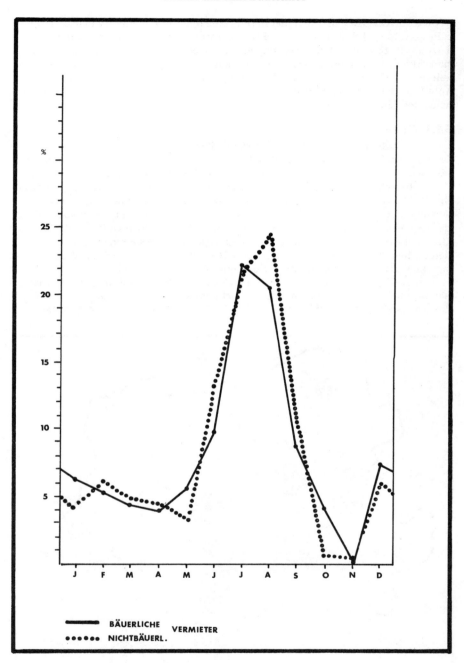

Abbildung 24: Frequenzverteilung auf bäuerlichen und nichtbäuerlichen Betrieben in der Gemeinde Aspangberg-St. Peter

Quelle: Zusatzerhebung 1979

Gebiet Hochwechsel, daß sich hier bereits eine recht kräftige Wintersaison entwickeln konnte und daß die Übernachtungsspitzen während des Hochsommers (Juli−August: 43% aller Übernachtungen) vergleichsweise tief liegen. Ebenso kann man erkennen, daß die bäuerlichen Vermieter eine etwas günstigere Frequenzverteilung als die nichtbäuerlichen Vermieter aufweisen. Sie besitzen einen höheren Anteil an der Wintersaison und eine breitere Verteilung der Sommersaison zwischen den Monaten Mai und Oktober.

3.2.3. Winteranteil

Ein Großteil der bäuerlichen Betriebe, die sich mit Fremdenbeherbergung befassen, vermietet auch während des Winters. Dies stellt im Vergleich zu den Angaben bei PEVETZ (1978, S. 21) auf jeden Fall ein überraschendes Ergebnis dar.

Es bestehen allerdings regional recht deutliche Unterschiede: Am geringsten ist die Wintervermietung im Alpenvorland, wo naturgemäß die Möglichkeiten zur Ausübung des Wintersports begrenzt sind. Im Waldviertel vermietet etwa die Hälfte der Betriebe auch im Winter. Dies gilt vor allem für das Hochwaldviertel, wo durch Gipfel, die bis über 1000 m ansteigen, Wintersportmöglichkeiten vorhanden sind. In den alpinen Teilen vermieten sogar rund 70% aller Betriebe auch im Winter, da es sich hier um Gebiete mit relativ guter Eignung für den Wintersport handelt.

Die Entwicklungskurve der Aufnahme der Wintervermietung verläuft fast genau parallel mit den Kurven des Bettenausbaues und des Vermietungsbeginns (Abb. 25). Die Aufnahme der Wintervermietung erfolgte in den NÖ-Kalkalpen teilweise

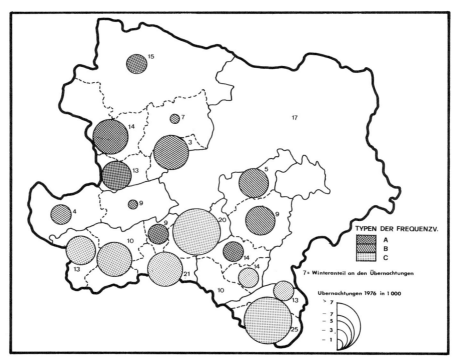

Abbildung 25: Frequenzverteilung und Wintervermietung
Quelle: Erhebung 1976.

bereits in der Zwischenkriegszeit, zumeist aber zwischen 1965 und 1970, im Waldviertel dagegen zumeist erst in den Jahren nach 1972.

3.2.4. Bettenauslastung

Die Bettenauslastung – eine der wichtigsten Kennziffern für die Beurteilung der Rentabilität von Zimmervermietungen – hängt von der Standorteignung und damit der Länge der Saison, der Qualität des Vermieterbetriebes und dem örtlichen bzw. regionalen Freizeitangebot, der Preiswürdigkeit und Gastfreundlichkeit und von der Art der Nachfrage ab.

Die Auslastung der Bettenkapazitäten auf niederösterreichischen Bauernhöfen betrug 1976 im Durchschnitt 56 Tage, nach den Unterlagen des Österreichischen Statistischen Zentralamtes dagegen sogar nur 31 Tage [46]. Diese geringe Bettenauslastung entspricht in etwa dem niederösterreichischen Durchschnitt bei Privatquartieren. Bei diesen läßt sich innerhalb Österreichs ein W-E-Gefälle feststellen. Es kann vermutet werden, daß auch auf Bauernhöfen in den westlichen Bundesländern höhere Auslastungsquoten erreicht werden. Allerdings stellt auch TOMASI (1978) im Oberpinzgau eine außerordentlich schlechte Auslastung fest: 87% aller Betriebe haben dort eine Auslastungsquote von weniger als 25% (= 91 Tage). In Bayern (GEISSLER 1972, S. 456) liegt die Auslastung bei Bauernhöfen mit Frühstückspension bei 77 Tagen, mit Vollpension bei 87 Tagen und in Ferienwohnungen bei 74 Tagen. Noch bessere Werte werden in Baden-Württemberg mit durchschnittlich 132 Tagen erzielt (SCHULZ–BORCK/TIEDE 1973, S. 15).

Wie Abb. 26 zeigt, bestehen auch hier innerhalb der einzelnen Gebiete Niederösterreichs beträchtliche Unterschiede: Die Bettenauslastung steigt generell nach SE zu an. Die höchsten Werte werden im Wienerwald und in den Zweisaisongebieten Annaberg-Traisental und Bucklige Welt erreicht. Im gesamten Waldviertel ist sie mit 42 Tagen außerordentlich niedrig. Im Nordwaldviertel und im Alpenvorland werden nicht einmal diese Werte erreicht. Dies mag wesentlich mit der noch jungen Entwicklung dieser Gebiete zusammenhängen, in denen noch kein größeres Kundenreservoir aufgebaut werden konnte. (SCHULZ–BORCK/TIEDE 1973, S. 15). Damit werden auf den niederösterreichischen Bauernhöfen durchschnittliche Auslastungswerte erzielt, die eine Rentabilisierung des investierten Kapitals kaum ermöglichen.

Tabelle 26: Bettenauslastung der Betriebe 1976 in %

Vollbelegstage	Teilgebiete					NÖ insgesamt
	Waldviertel	Alpenvorland	NÖ-Kalkalpen	Alpenostrand	Bucklige Welt	
unter 25	31,9	50,0	22,0	8,3	25,0	26,7
25–39	12,8	50,0	14,6	16,7	–	15,0
40–59	21,3	–	19,5	25,0	25,0	20,0
60–79	23,4	–	14,6	8,3	8,3	15,8
80–99	8,5	–	17,1	25,0	16,7	13,3
über 100	2,1	–	12,2	16,7	25,0	9,2
100% =	47	8	41	12	12	120

Quelle: Erhebung 1976.

---

[46] Es wird nochmals darauf hingewiesen, daß diese Werte nicht ganz vergleichbar sind und daher auf einen Auslastungsrückgang nicht geschlossen werden kann.

3.3. Auswirkungen auf die Land- und Forstwirtschaft

Die Doppelfunktion bäuerlicher Betriebe als Vermieter von Fremdenbetten und als Land- und Forstwirte führt zu einer wechselseitigen Beeinflussung beider Tätigkeiten. Dabei treten zunächst Auswirkungen auf die Arbeitswirtschaft und auf das landwirtschaftliche Einkommen (Primäreffekte) auf. Die arbeitswirtschaftliche Konkurrenz und das aus dem Fremdenverkehr erzielte Einkommen rufen ihrerseits Folgewirkungen (Sekundäreffekte) in der land- und forstwirtschaftlichen Nutzung (z. B. Extensivierungserscheinungen, Produktspezialisierung, Intensivierung arbeits- und einkommensmäßig ergänzender Betriebszweige), in der Bodenmobilität (z. B. Betriebsaufstockung, Grundverkauf), in der baulichen Substanz (z. B. Neubautätigkeit) sowie in der Mechanisierung (z. B. Kauf arbeitssparender Maschinen, Mechanisierung der Innenwirtschaft) hervor. Auch soziologisch-psychologische Auswirkungen, die mit einer Umwertung der Landwirtschaft als Arbeits- und Lebensform verbunden sein können, lassen sich feststellen (PEVETZ 1978).

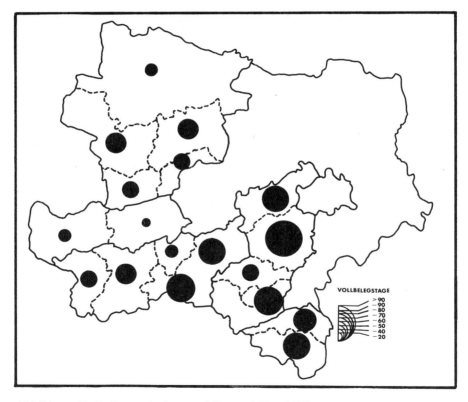

Abbildung 26: Bettenauslastung auf Bauernhöfen 1976

Quelle: Erhebung 1976.

3.3.1. Primäreffekte

3.3.1.1. Arbeitswirtschaftliche Auswirkungen

Durch die Zimmervermietung ergibt sich für die bäuerliche Familie ein zusätzlicher Arbeitsaufwand. Er kann für Betriebe mit hoher Arbeitselastizität eine durchaus wünschenswerte Verbesserung der Arbeitsproduktivität mit sich bringen. Bei zu hoher Arbeitsbeanspruchung durch den Fremdenverkehr wird allerdings der Land- und Forstwirtschaft in steigendem Maße Arbeitspotential entzogen: Der landwirtschaftliche Betrieb ist dann gezwungen, sich an die geänderten Faktorverhältnisse anzupassen.

Allerdings ist bereits bei der Wahl der Vermietungsform ein breiter Variationsspielraum gegeben, der flexibel eine Abstimmung mit der betrieblichen Situation ermöglicht. Die Beanspruchung durch die Fremdenzimmervermietung hängt dabei wesentlich von der Bettenanzahl, der Vermieterform, dem Rationalisierungsgrad der Hauswirtschaft und der Intensität der Gästebetreuung ab.

Im Mittel kann auf niederösterreichischen Bauernhöfen mit einer Arbeitsbeanspruchung von rund 30 Minuten je Bett und Tag gerechnet werden (Tab. 27). Dieses Ergebnis entspricht etwa den auch bei vergleichbaren Untersuchungen festgestellten Richtwerten. In Abhängigkeit von der Vermietungsart können folgende Richtwerte unterstellt werden: Bei Ferienwohnungen sind 1,5–2 Arbeitskraftstunden je Bett und Turnus (meist 2 Wochen) notwendig. Eine Frühstückszimmervermietung beansprucht 30 Minuten je Bett und Tag, eine Halbpension 45 Minuten und Vollpension 60 Minuten je Bett und Tag. Mit zunehmender Vermietungsgröße tritt eine Arbeitszeitdegression je Bett ein, die sich bei den einzelnen Vermietungsformen unterschiedlich auswirkt (Abb. 27). Grundsätzlich gilt dabei, daß diese Degression umso geringer ist, je arbeitsaufwendiger die Vermietungsform gewählt wird.

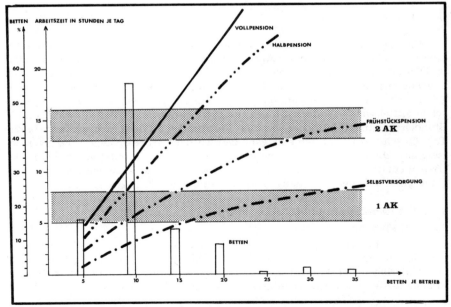

Abbildung 27: Arbeitsbeanspruchung nach Unterkunftsarten und Betriebsgröße
Quelle: Erhebung 1976.

Eine Korrelation der Arbeitszeit und der Bettenzahl ergibt in Betrieben mit Selbstversorgung der Gäste die größte Arbeitszeitdegression. Eine Arbeitskraft, die 5—8 Stunden am Tag für die Gäste arbeitet, kann demnach bei Selbstversorgung maximal 15—30 Betten betreuen. Bei Frühstückszimmervermietung bewältigt diese Arbeitskraft zwischen 8—14 Betten, bei Halbpension 6—9 und bei Vollpension 5—8 Betten. Ein Großteil des Arbeitsaufwandes (73%, Tab. 27) entfällt auf die Bäuerin, die damit arbeitsmäßig zur eigentlichen Trägerin der Fremdenzimmervermietung wird. Es wurde bereits erwähnt, daß dies wesentlich ihre Entscheidungsfunktion bei der Frage des Vermietungsbeginnes beeinflußt. Rund 16% der Arbeitszeit werden von Familienmitgliedern, meist der Tochter, erledigt und nur 6% belasten den Bauern. 4% der Gesamtarbeiten werden von familienfremden Arbeitskräften getätigt [47].

Tabelle 27: Arbeitszeitaufwand im Fremdenverkehr

Gebiet	Arbeitszeit je Bett u. Tag in Minuten	davon in % auf ... Bäuerin	Bauer	sonst. Fam.-AK	familien- fremde AK
0	21,6	86,2	6,9	6,9	—
1	67,5	55,6	7,4	14,8	22,2
3	33,9	65,6	5,1	22,3	6,9
4	24,5	73,8	3,9	22,3	—
5	30,2	81,8	9,1	9,1	—
Insgesamt	28,8	73,3	6,1	16,2	4,4

Quelle: Erhebung 1976.

Um unter Bezug auf niederösterreichische Verhältnisse einen annähernden Überblick über die Stärke der Arbeitskraftkonkurrenz zwischen Landwirtschaft und Fremdenverkehr zu erhalten, wurde ein durchschnittlicher Vermietungsbetrieb angenommen, der 10,7 Betten mit Frühstück anbietet. Je Bett ergibt sich ein durchschnittlicher Arbeitsaufwand von rund 30 Minuten. Bei einem niederösterreichischen Mittel von 56 Vollbelegstagen resultiert daraus ein Arbeitsaufwand von 28 Stunden je Bett und Jahr oder von rund 300 Stunden für den gesamten Betrieb. Wie Tab. 28 zeigt, tritt dadurch eine ganz beträchtliche arbeitsmäßige Konkurrenzierung auf: Die Arbeitsbeanspruchung, welche durch die Vermietung in diesen Betrieben entsteht, kommt dem Arbeitsaufwand für 15 ha Getreidefläche oder 9 ha Dauergrünland oder 2—3 Kühen bei Stallhaltung gleich.

3.3.1.2. Auswirkungen auf das Einkommen

3.3.1.2.1. Einnahmen aus der Vermietung

Für die Berechnung der Roheinnahmen aus dem Fremdenverkehr waren die wichtigsten Unterlagen vorhanden: Die für das Jahr 1976 aus der Stichprobe und den Unterlagen der Landwirtschaftskammer ermittelte Zahl der Betriebe und Fremdenbetten nach den wichtigsten Unterkunftskategorien, die Preise je Über-

---

[47] Nach EISELT entfielen ebenfalls 76% der Arbeiten auf die Bäuerin, 10% auf die Tochter, 1% auf die Altbäuerin und 2% auf ein Stubenmädchen (Gasthausbetriebe); 9% der Gäste versorgten sich selbst (EISELT 1976, S. 60).

nachtung in diesen Unterkunftsarten und die durchschnittliche Zahl der Vollbelegstage (Tab. 29). Daraus ließen sich Durchschnittseinnahmen je Vermieterbetrieb errechnen (Tab. 30), deren Multiplikation mit den für 1976 hochgerechneten Gesamtvermietungsbetrieben in Niederösterreich (4.300—5.000) Roheinnahmen von 200—230 Mio. S ergab. Gemessen am Endrohertrag der niederösterreichischen Land- und Forstwirtschaft von 18,14 Mrd. S. (Bericht über die wirtschaftliche und soziale Lage der Land- und Forstwirtschaft 1976, S. 8) erreichen die aus der Fremdenzimmervermietung erzielten Roheinnahmen nur einen Anteil von 1,1—1,3%.

Im Durchschnittsbetrieb wurden aus der Zimmervermietung Roheinnahmen von S 46.000,— erzielt. Diese Roheinnahmen kommen etwa dem Rohertrag von 1,5 ha guten Ackerbodens gleich. Allerdings steigt die Äquivalenzfläche in den Gebieten Bucklige Welt und Alpenostrand stark an. Zudem ist hier die potentielle Alternative der Betriebsaufstockung um diese Flächen wegen der Neigungsverhältnisse und der daraus entstehenden Mechanisierungsprobleme gehemmt, sodaß die Fremdenzimmervermietung relativ höher einzuschätzen ist.

Tabelle 28: Arbeitsmäßiges Konkurrenzverhältnis zwischen landwirtschaftlicher Nutzung und Fremdenzimmervermietung

	Frühstückspension	Halbpension	Vollpension	Eigenverpflegung
Betten [a]	610	91	272	154
Betriebe [a]	54	9	16	11
Durchschnittl. Betten je Betrieb	11,3	10,1	17,0	14,0
Arbeitsaufwand in AKh/Tag	6,2	9,0	19,5	4,5
Arbeitsaufwand in AKh/Jahr [b]	347	504	1.092	252

	Arbeitsaufwand je ha (Kuh) nach LÖHR (AKh/J)	Mit diesem Arbeitsaufwand könnte der durchschnittliche Betrieb bewirtschaften (ha) bzw. halten (Kühe)		
Getreide (ha)	20	17,4	25,2	54,6	12,6
Hackfrucht (ha)	100	3,5	5,0	10,9	2,5
Feldfutter (ha)	38	9,1	13,3	28,7	6,6
Dauerwiese (ha)	33	10,5	15,3	33,1	7,6
Dauerweide (ha)	30	11,6	16,8	36,4	8,4
Kühe im Anbindestall (je Kuh)	150	2,3	3,4	7,3	1,7
Kühe im arbeitssparenden Anbindestall	100	3,5	5,0	10,9	2,5

[a] Quellen: Befragung 1976; LÖHR 1976.
[b] Bei durchschnittlich 56 Vollbelegstagen.

Mit den weiteren Kennziffern (3, 4 und 5) wurde versucht, die Einkommenswirksamkeit der Bettenvermietung im Vergleich zum Rohertrag aus Kuhhaltung abzuschätzen. Es entspricht demnach der Rohertrag von 2 Fremdenbetten jenem einer Kuh. Es zeigen sich auch hier sehr starke gebietsweise Unterschiede: Während im Alpenvorland fast 7 Betten notwendig sind, um den Rohertrag einer Kuh zu erreichen, sinkt der Vergleichswert in den alpinen Teilgebieten Niederösterreichs auf 1,3–2,1 Betten. Wenn auch diese Berechnungen nur als Schätzwerte zu betrachten sind, so zeigen sie doch deutlich, daß die Möglichkeiten, die sich einkommensmäßig aus der Vermietung ergeben, häufig überbewertet werden. In vielen Fällen wird sich der Landwirt doch die Frage stellen müssen, ob er nicht besser die Land- und Forstwirtschaft intensivieren sollte als mit hohem Investitionsaufwand den Fremdenverkehr auszubauen!

Auf Grund der vorhandenen Unterlagen ist es möglich, Kalkulationsberechnungen durchzuführen, wie sie das Endziel der meisten betriebswirtschaftlich orientierten Arbeiten sind (SCHWEMBERGER/HOLLER, SCHAFHUBER, GEISSLER, SCHULZ-BORCK/TIEDE). Bezüglich der Investitionskosten wurde dabei die Arbeit von SCHWEMBERGER/HOLLER zugrundegelegt, doch wurden die wichtigsten Parameter aus unseren Untersuchungen verwendet, um zu einem für Niederösterreich aussagekräftigeren Kalkulationsmodellen zu kommen. Es wurden dabei variable Spezialkosten von 29,23 S pro Übernachtung angenommen. Anders als bei SCHWEMBERGER und HOLLER wurden die Ausgaben für Heizung weggelassen – sie fallen ja

Tabelle 29: Roheinnahmen aus der Fremdenzimmervermietung

Gebiet	Unterkunftsart	Zahl d. Betriebe	Preis je Übernacht.	Durchschnitt Betten/Betr.	Durchschnitt Vollbelegstage	Roheinnahmen
0	FP	99	51,9			1,999.543
	HP	8	91,0	9,2	42,3	283.325
	VP	9	125,0			437.805
1	FP	27	53,0			255.934
	HP	1	80,0	7,3	24,5	14.308
	VP	2	107,0			38.269
3	FP	97	49,3			3,110.469
	HP	19	97,0	10,1	64,4	1,198.742
	VP	22	123,0			1,760.116
4	FP	30	61,7			1,714.544
	HP	15	104,0	12,4	74,7	1,444.997
	VP	27	126,0			3,151.220
5	FP	37	52,1			1,609.437
	HP	15	91,0	11,0	75,9	1,139.639
	VP	10	124,0			1,035.276

Quellen: LLK-NÖ-Erhebung; Erhebung 1976.

zweifellos nur während einer relativ kurzen Zeitspanne an. Dafür wurden die Ortstaxen mit 6,60 S und Werbekosten mit 1,– S je Übernachtung unterstellt (vgl. Kalkulationsbeispiel in SCHWEMBERGER/HOLLER, S. 63).

Die Beispiele wurden jeweils für die Bandbreite von 25–100 Vollbelegstagen durchgerechnet, welche in den einzelnen Teilgebieten Niederösterreichs errechnet wurden. Zudem erfolgte jeweils eine Durchrechnung für drei Preisvarianten (Bett mit Frühstück) von S 60, 80 und 100 (die Berechnung erfolgte auf der Preisbasis 1977).

(a) *Betriebswirtschaftliche Kalkulation:* Bei der rein betriebswirtschaftlichen Betrachtungsweise gehen die Amortisation des eingesetzten Kapitals, eine angemessene Eigenkapitalverzinsung und alle anderen kalkulatorischen Kosten (Unternehmerlohnanspruch, Gewinn) in die Kostenrechnung ein. Würde man rein betriebswirtschaftliche Maßstäbe anlegen, so gäbe es in ganz Niederösterreich kaum einen

Tabelle 30: Relation der Roheinnahmen aus Zimmervermietung zu jenen aus Land- und Forstwirtschaft

Gebiet	Betriebe	Roheinnahmen in S	⌀ Einnahmen je Betrieb in S	Kennziffern 1	2	3	4	5
0	116	2,720.673	23.454	0,8	1,1	2.549	0,27	3,7
1	30	308.511	10.284	0,3	0,3	1.409	0,15	6,6
3	138	6,069.327	43.981	1,5	2,2	4.355	0,46	2,1
4	72	6,310.761	87.649	2,9	4,5	7.068	0,76	1,3
5	62	3,784.352	61.038	2,0	2,8	5.549	0,59	1,7
NÖ	418	19,193.624	45.918	1,5	–	4.465	0,48	2,1

Kennziffern:

1 = Rohertrag je ha RLN aus dem Produktionsgebiet Nordöstl. Flach- und Hügelland 1976 (= S 30.184,–) : Einnahmen aus Fremdenverkehr je Betrieb.

2 = Gebietsspezifischer Rohertrag : Einnahmen aus Fremdenverkehr, 1976. Dabei wurden für das Gebiet O der ha-Rohertrag aus dem Produktionsgebiet Wald- und Mühlviertel (S 21.290,–), für das Gebiet 1 jener aus dem Produktionsgebiet Alpenvorland (S 31.518,–), für die Gebiete 3 und 4 jener aus dem Produktionsgebiet Voralpen (S 19.673,–) und für das Gebiet 5 jener aus dem Gebiet Alpenostrand (S 21.680,–) genommen.

3 = Durchschnittliche Roheinnahmen je Bett und Jahr.

4 = Durchschnittliche Roheinnahmen je Bett und Jahr zum durchschnittlichen Rohertrag aus Milch und Milchprodukten je Kuh im gewichteten Bundesmittel der Betriebsergebnisse der Bergbauerngebiete, Berghöfezone insgesamt (Bericht . . ., 1976, S. 155), ermittelt aus Viehbesatz je 100 ha RLN (54,13) und Rohertrag aus Milch je ha RLN (= S 5.043,–). Daraus errechnet sich ein jährlicher Milchertrag je Kuh von S 9.339,–.

5 = Zahl der Betten, die erforderlich sind, damit die Roheinnahmen aus dem Fremdenverkehr den Rohertrag einer Kuh abdecken.

Quelle: LLK-NÖ-Erhebung; Bericht über die wirtschaftliche und soziale Lage der Land- und Forstwirtschaft 1976.

bäuerlichen Betrieb, der eine rentable Zimmervermietung betreibt (Tab. 31). Bei einem Durchschnitt von 56 Vollbelegstagen, wie unsere Untersuchung für ganz Niederösterreich ergeben hat, könnte hier ein Gewinn erst ab einem Übernachtungspreis von S 166,− je Bett erzielt werden.

Tabelle 31: Betriebswirtschaftliches Kalkulationsbeispiel

Investitionskosten in S:	
Raumkosten (10 Betten)	437.500,−
Sanitär- und Heizanlagen	102.000,−
Einrichtung	162.960,−
Summe	702.460,−
Fixkosten pro Jahr (8% Zinsen)	65.199,−
Fixkosten pro Übernachtung bei 56 Vollbelegstagen	116,43
Variable Kosten pro Person und Tag in S	29,23
Kosten insgesamt	145,66
Lohnanspruch bei 30 min/Bett und S 40,−/h	20,−
Summe	165,66

Quellen: SCHWEMBERGER/HOLLER; Erhebung 1976.

Bereits SCHWEMBERGER und HOLLER (S. 64) haben darauf hingewiesen, daß gewisse Kosten (z. B. Keller und Dachgeschoß) nicht dem Fremdenverkehr angelastet werden können, sondern auch ohne Einrichtung von Fremdenzimmern anfallen würden. Dazu kommt, daß nach unseren Erhebungen zahlreiche Betriebe als Motivation für die Einrichtung von Fremdenzimmern die spätere Nutzung durch ihre Kinder angeben. Auch in diesem Fall sind die entstehenden Kosten zweifellos nicht voll dem Fremdenverkehr anrechenbar. Zudem erbringen gerade bäuerliche Betriebe auf dem Weg der Nachbarschafts- und Verwandtenhilfe beträchtliche Eigenleistungen und können dadurch vor allem bei den Stundenlöhnen beträchtlich einsparen. Aus diesem Grund wurden unseres Erachtens realistischere Kalkulationsmodelle durchgerechnet.

(b) *Kalkulationsmodell I* (nach SCHWEMBERGER und HOLLER): Aus oben genannten Überlegungen kann in der Regel eine modifizierte Kalkulation als zutreffender angesehen werden. Dabei findet sowohl bei den Neubaukosten als auch bei Ausbaukosten vorhandenen Wohnraumes eine beträchtliche Ersparnis bei den auflaufenden Fixkosten statt. Eine nach dieser Kalkulationsmethode vorgenommene Berechnung zeigt, daß beim Neubau von Fremdenzimmern ein Betriebsgewinn bei 60 Tagen Auslastung erst bei Einnahmen von S 110,− je Übernachtung zu erzielen ist. Bei diesem Preis wäre erst ab 100 Tagen Auslastung ein geringfügiges Nettoeinkommen erreichbar. Das ist aber ein Wert, den etwa im Nordwaldviertel von 27 Betrieben kein einziger erzielen konnte.

Beim Umbau vorhandener Räumlichkeiten kann dagegen bereits bei 40 Tagen Auslastung und einem Bettenpreis von S 110,− ein Gewinn erreicht werden.

(c) *Kalkulationsmodell II* (nach SCHWEMBERGER und HOLLER): Bei dieser Methode wird ein auf Grund unserer Untersuchungen ermittelter durchschnittlicher Einsatz von 34% zinsverbilligten Krediten (in der Regel AIK mit 5% Verzinsung) und 8% nichtzinsverbilligten Krediten (10% Zinsen) eingerechnet. Amortisation und Instandhaltungen wurden dabei wie üblich in die Fixkosten aufgenommen. Es wurde aber keine Eigenkapitalverzinsung inkludiert. Mit dem Gewinn müssen daher alle kalkulatorischen Kosten abgedeckt werden. Das Ergebnis zeigt Abb. 28. Demnach kommt rein rechnerisch in allen Fällen der Umbau wegen der niedrigeren Fixkostenbelastung günstiger. Andererseits sind nach unserer Erfahrung i. a. bei Neubauten wegen des schlechten Altbaubestandes in Niederösterreich höhere Preise erzielbar, welche vermutlich die ungünstigeren Fixkosten weitgehend aufwiegen dürften. Jedenfalls ist selbst bei der günstigsten Voraussetzung des Modells II (Umbau) bei einem Bettenpreis von S 60,— erst ab einer Auslastung von 60 Vollbelegsta-

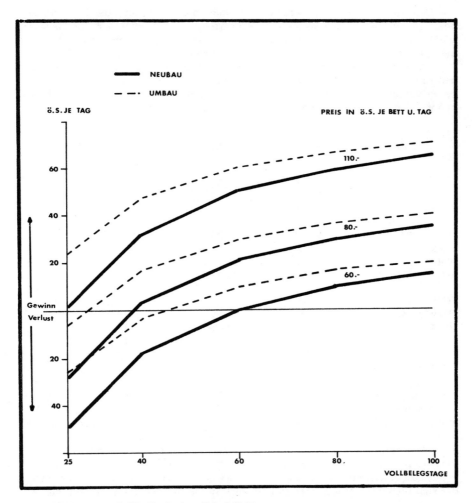

Abbildung 28: Modellkalkulation (Modell II)

gen ein Gewinn erzielbar, aus dem die kalkulatorischen Kosten (Lohnanspruch, Eigenkapitalverzinsung) zu decken sind.

Zu der Fragestellung der Einnahmen aus der Vermietung wurde in zwei Fallstudien (Bucklige Welt und Nordwaldviertel) nach der *Selbsteinschätzung* der Landwirte gefragt. Tab. 32 zeigt die Ergebnisse: Demnach bestehen zwischen der Buckligen Welt und dem Nordwaldviertel wesentliche Unterschiede in der Beurteilung der Einnahmen aus dem Fremdenverkehr: Während der Großteil der Bauern aus der Buckligen Welt der Meinung ist, daß die Einnahmen aus dem Fremdenverkehr jene der Landwirtschaft übersteigen (73%), ergibt sich im Nordwaldviertel eine deutlich höhere Einschätzung des Einkommens aus der Landwirtschaft.

Auch der Stundenlohn, der aus der Zimmervermietung resultiert, wurde unterschiedlich beurteilt: Die höhere Einschätzung aus der Buckligen Welt wird deutlich erkennbar, während im Nordwaldviertel 70% der Befragten an einen Stundenlohn unter 20 S dachten.

Dementsprechend unterschiedlich ist auch die Beurteilung des Einkommensbeitrages: Im nördlichen Waldviertel schätzte nur ein Betrieb, der eine Gastwirtschaft besitzt, seinen Einkommensanteil aus der Fremdenzimmervermietung auf mehr als 50%. Dagegen waren es in der Buckligen Welt rund 13% aller Betriebe.

Auch Studien aus Tirol (PORSCHE 1964) bestätigen den zumeist recht bescheidenen Einkommensanteil, der durch Vermietung erzielt wurde und der – zumindest bei Privatzimmervermietung – durchwegs unter 50% liegt. Nur bei Gewerbebetrieben wurden höhere Einkommensanteile erzielt.

Tabelle 32: Selbsteinschätzung der Einkommenssituation durch die Vermieterbetriebe

	Stundenlohn im Fremdenverkehr			Anteil der Einnahmen aus dem Fremdenverkehr in %						Stundenlohn aus dem Fremdenverkehr in S				
	höher	gleich	niedriger	unter 5	5–	10–	20–	50–	70–	unter 10	10–	20–	30–	40–
Bucklige Welt	30	5	6	13	7	10	8	4	3	5	6	10	4	1
in %	73	12	15	29	16	22	17	9	7	19	23	39	15	4
Waldviertel-Nord	10	8	9	17	5	4	–	1	–	9	10	8	–	–
in %	37	30	33	63	19	14	–	4	–	33	37	30	–	–

Quelle: Zusatzerhebung 1979.

3.3.1.2.2. Einkommensverbesserung durch Direktvermarktung

Neben den Bargeldeinnahmen aus der Zimmervermietung besteht für die Vermietungsbetriebe auch die Möglichkeit einer zusätzlichen Einkommensschöpfung durch Direktvermarktung von Produkten an den Konsumenten. Dies kann in Form der Beistellung selbsterzeugter Produkte zur Verpflegung, aber auch durch den Verkauf landwirtschaftlicher Produkte erfolgen. Allerdings wird auf Bauernhöfen – aus gesetzlichen ebenso wie aus arbeitswirtschaftlichen Gründen – nur ein Teil der sich bietenden Möglichkeiten realisiert. Immerhin beträgt der Anteil der Verpflegung an den Tagesausgaben ausländischer Gäste rund 40% (ZEDEK 1972, S. 16).

Ein recht hoher Prozentsatz von Gästen (40%, RÖDLING I 1974, S. 114) würde zudem das Mittag- und Abendessen auf dem Bauernhof begrüßen.

Während somit die Nachfrage und damit die Chancen der Direktvermarktung recht günstig sind, befriedigt das Angebot zweifellos nur einen Teil des Erwartungspotentials. In den meisten Fällen wird dem Gast nur das Frühstück angeboten, in der Regel in Form des Standardfrühstücks (SCHAFHUBER 1975, S. 25), bei dem bestenfalls Möglichkeiten zur Direktvermarktung von Milch, Brot, Butter und Marmelade oder Honig bestehen. Ein Großteil der Gäste erwarer sich allerdings ein Frühstück, das an Reichhaltigkeit jenes im Hotel übertrifft (RÖDLING I 1974, S. 114). Daher bieten sich zusätzliche Absatzmöglichkeiten für Eier, Wurst und Fleisch.

Wie unsere Untersuchung zeigte, sind die beiden weitaus wichtigsten Produkte, welche direkt vermarktet werden, Milch und Eier. Diese werden von 83% bzw. 72% aller Betriebe angeboten. Der durchschnittliche niederösterreichische Betrieb mit Direktvermarktung liefert im Jahr 313 l Milch und 454 Eier an die eigenen Gäste. Zudem verkauft fast die Hälfte aller Betriebe Wein oder Most (durchschnittlich 186 l je Betrieb und Jahr), ferner 123 kg Fleisch und 29 kg Butter. Jeder vierte Betrieb versorgt zudem seine Gäste mit Brot, Schnaps und Käse.

Hinsichtlich der Direktvermarktung bestehen deutliche regionale Unterschiede: Im Waldviertel und vor allem im Gebiet Alpenostrand ist der Anteil der Betriebe mit Direktvermarktung relativ gering. Die Betriebe dieser Gebiete beschränken sich in der Regel auf die Vermarktung von Milch und Eiern. Die stärkste Direktvermarktung erfolgt in den traditionellen Fremdenverkehrsräumen der NÖ-Kalkalpen und der Buckligen Welt, wo sich nicht nur die meisten Betriebe beteiligen, sondern

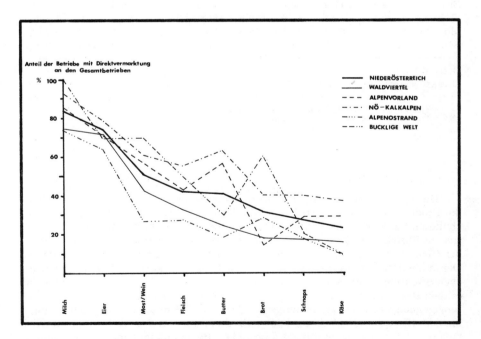

Abbildung 29: Direktvermarktung landwirtschaftlicher Produkte

Quelle: Erhebung 1976.

wo auch die höchsten Mengenwerte je Betrieb erzielt werden. (Tab. 33). Offensichtlich kann die Höhe der Direktvermarktung als Anpassungserscheinung an den Fremdenverkehr interpretiert werden.

Eine überschlagsweise Rechnung, bei der die durchschnittlichen Konsumentenpreise des Jahres 1976 eingesetzt wurden, zeigt, daß jeder vermietende Betrieb mit Direktvermarktung im Durchschnitt Einnahmen von S 21.500,– pro Jahr erzielt – im Verhältnis zu den durchschnittlichen Roheinnahmen aus der Vermietung von rund S 46.000,– ein recht beachtlicher Wert. Wertmäßig der weitaus größte Teilposten ist das Fleisch, gefolgt von Käse und Wein bzw. Most; Milch kommt erst an vierter Stelle. Der Vermarktungswert von Brot und Eiern ist relativ gering.

Tabelle 33: Jährliche Direktvermarktung je Betrieb [a]

	Maß-einheit	Großräume					NÖ insges.	Preis [b] pro Einheit in S	∅ Einnahmen in S
		0	1	3	4	5			
Milch	l	210,5	168,3	315,2	390,0	614,5	312,7	7,4	2.314,–
Eier	Stück	326,5	256,0	521,9	412,9	835,7	453,8	1,2	545,–
Butter	kg	17,7	4,7	34,5	13,5	48,3	28,6	60,0	1.716,–
Käse	kg	6,0	4,5	64,1	404,0	10,0	56,5	70,0	3.955,–
Brot	kg	241,4	80,0	44,4	17,3	148,3	105,6	8,9	940,–
Fleisch	kg	71,4	14,0	130,5	166,7	254,0	123,0	60,0	7.380,–
Most/Wein	l	183,8	47,5	138,6	156,7	452,9	186,1	20,0	3.722,–
Schnaps	l	9,9	3,0	9,5	5,5	15,0	9,2	100,0	920,–
Betriebe mit Direktvermarktung		38	7	38	11	10	104		

[a] = je vermarktendem Betrieb. Darauf beziehen sich auch die errechneten Einnahmen.
[b] Nach: Wirtschafts- und sozialstatisches Handbuch 1977, S. 330 ff.

3.3.2. Sekundäreffekte

Die durch Zimmervermietung eintretenden Folgewirkungen erfassen zunächst die Produktionsfaktoren Arbeit und Kapital. Sie treten durch Arbeitsbeanspruchung und Einkommenseffekte in Erscheinung. Aus ihrem Zusammenwirken läßt sich die Stufenentwicklung des vermietenden Betriebes ableiten. Es war daher eines der Ziele dieser Untersuchung, die wichtigsten Sekundärwirkungen zu erfassen. Der landwirtschaftliche Betrieb kann auf die Primäreffekte je nach seiner betrieblichen Situation unterschiedlich reagieren. Diese Reaktion kann durchaus, ohne daß es dem Betriebsleiter direkt bewußt wird, erfolgen, indem bei negativem Vermietungsergebnis Entzugserscheinungen an Arbeit und Kapital auftreten. Diese allgemein als Sekundäreffekte bezeichneten Erscheinungen können sich unterschiedlich äußern: In der Bewirtschaftung des Betriebes (Bodennutzung und Viehhaltung), in der Gestaltung der Hauswirtschaft und in einem Mobilitätsdruck auf den Bodenfaktor.

3.3.2.1. Sekundärwirkungen im Bereich der Bodennutzung

Durch das Zusammenfallen der sommerlichen Arbeitsspitzen in der Land- und Forstwirtschaft und in der Zimmervermietung wird bei steigender Bedeutung des Fremdenverkehrs eine arbeitswirtschaftliche Veränderung im landwirtschaftlichen Bereich erfolgen müssen. In den Grünlandbetrieben stellt die Viehhaltung, besonders in Form der Rinderhaltung, den maßgeblichen Nutzungszweig dar. Die Bodennutzung dient zum Großteil dazu, sie zu stützen und die für die Veredlungswirtschaft notwendige Primärproduktion sicherzustellen. Zudem ist die Bodennutzung weniger arbeitsintensiv als die Rinder- und vor allem die Kuhhaltung. Aus diesen Gründen ist zu erwarten, daß arbeitswirtschaftliche Konfliktsituationen, wie sie aus einer stärkeren Fremdenzimmervermietung resultieren können, primär im Bereich der Viehhaltung wirksam werden. Erst sekundär wird eine Änderung der Zahl und Struktur des Viehbestandes in einer Änderung der Bodennutzung sichtbar werden.

Als Reaktionen im Bereich der Bodennutzung sind dabei Vereinfachungen (z. B. Übergang zur reinen Grünlandwirtschaft) und Extensivierungen (z. B. Übergang zur Weidenutzung, Auftreten von Sozialbrache, Aufforstungen) denkbar. Andererseits kann bei positivem Ertrag aus der Zimmervermietung ein Teil des Gewinnes in einer Erhöhung des Maschinenbestandes und damit der Arbeitsproduktivität wirksam werden. Im Extremfall wäre dabei sogar eine Ausweitung der Nutzungsfläche bzw. eine Intensivierung möglich.

Es ist nun empirisch außerordentlich schwierig, die in den letzten Jahrzehnten generell ablaufenden Nutzungsveränderungen von den fremdenverkehrsinduzierten zu trennen (TOMASI 1978). Es müßte dazu eine hinreichend repräsentative Stichprobe der Nutzungsveränderungen von vermietenden Betrieben jenen der nichtvermietenden Betriebe unter Konstanthaltung der wichtigsten Leitvariablen (Betriebsgröße, Alter des Betriebsleiters usw.) gegenübergestellt werden.

Die Interpretation des von uns aus der Befragung von Vermieterbetrieben gewonnenen Materials muß daher mit großer Vorsicht erfolgen. Die Ergebnisse können nur als unsichere Bestätigung der Stufenhypothese angesehen werden. Tab. 34

Tabelle 34: Veränderungen in der Land- und Forstwirtschaft durch die Zimmervermietung

	N-Waldviertel	in %	Bucklige Welt	in %
Arbeitsbelastung	11	40,7	27	57,4
Umwandlung in Weideland	1	3,7	12	25,5
Aufgabe von landw. Nutzfläche	1	3,7	2	4,3
Aufforstung	1	3,7	6	12,8
Vergrößerung des Viehbestandes	6	22,2	15	31,9
Verkleinerung des Viehbestandes	3	11,1	1	2,1
Reduzierung des Kuhbestandes	3	11,1	4	8,5
Tiere für Gäste	6	22,2	4	8,5
Schafhaltung	–	–	1	2,1
Antwortende Betriebe = 100%	27		47	

Quelle: Zusatzerhebung 1979.

zeigt, daß sich die Auswirkungen im neu entwickelten Fremdenverkehrsraum des Nordwaldviertels weitgehend auf die Viehhaltung beschränken, ein Ergebnis, das durchaus im Sinne der oben erwähnten Aktions-Reaktionsparameter (Veränderungen in der Viehhaltung ziehen sekundär solche in der Bodennutzung nach sich) gedeutet werden kann. Bei der geringen Intensität der bäuerlichen Vermietung im Nordwaldviertel treten Extensivierungserscheinungen bisher kaum auf. Dagegen zeigen sich im viel intensiver fremdenverkehrswirtschaftlich entwickelten Raum der Buckligen Welt nicht nur ein weiter verbreitetes Gefühl der Arbeitsbelastung durch den Fremdenverkehr sondern auch stärkere Auswirkungen auf die Bodennutzung. Sie äußern sich vor allem in einer Nutzungsumwandlung in Weideland (26% aller Betriebe), einer Aufforstung (13%) und teilweise auch in einer Aufgabe von Landwirtschaftlichen Nutzflächen (4%). Somit ist das reifere Fremdenverkehrsgebiet der Buckligen Welt ein Raum mit bereits relativ starken Reaktionen in der Bodennutzung. Auch im Gebiet von Annaberg konnten wir einen recht hohen Anteil des Weidelandes feststellen. Grenzertragsflächen, wie Naßflächen, steilere Hangbereiche usw., waren (1980) vielfach ungenutzt.

Allerdings zeigte es sich, daß zwischen der Größe der Zimmervermietung und Veränderungen in der Bodennutzung nur ein sehr geringer Zusammenhang besteht (Tab. 35).

Tabelle 35: Veränderungen der Bodennutzung [a] nach der Zahl der Betten (Bucklige Welt)

Betten:	Betriebe mit Veränderung [b]	%	Betriebe ohne Veränderung	Summe
unter 10	4	18,2	18	22
10 –	10	62,5	6	16
20 und darüber	3	37,5	5	8
Summe	17		29	46

[a] Bodennutzungsveränderungen sind: Umwandlung in Weideland, Aufgabe von Landwirtschaftlicher Nutzfläche und Aufforstung.
[b] Ein Chi-Quadrat-Test (Chi^2 = 4,6667) ergab, daß mit 10% Wahrscheinlichkeit die beobachteten Unterschiede rein zufälliger Natur sind.

Quelle: Zusatzerhebung 1979.

3.3.2.2. Sekundärwirkungen im Bereich der Viehhaltung

Die Fremdenzimmervermietung kann für die bäuerliche Viehhaltung eine Reihe von Auswirkungen haben: Zunächst stellt für die Gästemotivation die Viehhaltung einen der wesentlichsten Beweggründe dar. Gerade für Familien mit Kindern ist damit ein hoher Urlaubserlebniswert verbunden. Dies kann nicht nur zu einer bestandsstabilisierenden Wirkung führen, sondern auch dazu, daß einzelne Tierarten nur zur Erhöhung des Attraktionsgrades gehalten werden. Bei unseren Fallstudien ergab sich, daß auf 22% aller Bauernhöfe des Nordwaldviertels und auf 9% jener der Buckligen Welt eine Bestandshaltung von Tieren für den Fremdenverkehr (zumeist Ponys, Esel usw.) erfolgt.

Andererseits können durch die arbeitswirtschaftliche Konkurrenz Belastungen auftreten, die dazu führen, daß besonders arbeitsintensive Viehhaltungszweige abgebaut oder sogar ganz aufgegeben werden (Spezialisierung).

Bei unseren Fallstudien zeigte sich, daß ein größerer Teil der Betriebe heute mehr Vieh als vor Beginn der Vermietung hat. Als Grund wird zumeist die Produktionssteigerung des Grünlandes angeführt, eine Erscheinung also, die mit dem Fremdenverkehr nicht in Zusammenhang gebracht werden kann. In mehreren Antworten wird dies auch explizit zum Ausdruck gebracht. Anders verhält es sich bei den Reduktionen des Viehbestandes bzw. der arbeitsaufwendigsten Form der Viehhaltung, der Kuhhaltung. Jene Betriebe, die hier eine Einschränkung der Bestände vornahmen (Tab. 34), gaben durchwegs an, daß dies aus arbeitswirtschaftlichen Gründen erfolgte.

Die Untersuchungsergebnisse zeigen insgesamt positive Auswirkungen auf die Viehhaltung: Die Rinderhaltung hat ebenso wie die arbeitsintensive Kuhhaltung in allen Regionen mit Ausnahme des Wienerwaldes deutlich zugenommen. Diese Zunahme ist deutlich stärker als die Gesamtentwicklung in allen land- und forstwirtschaftlichen Betrieben (Tab. 36), wo zwischen 1962 und 1978 sogar eine Abnahme der Kuhbestände zu verzeichnen war. Ebenso ist die Zahl der rinder- bzw. kuhhaltenden Betriebe − abgesehen von der Wachau und dem Wienerwald − weitgehend konstant geblieben. Auch die Zahl der Pferde und der pferdehaltenden Betriebe ist nur leicht zurückgegangen − ein signifikanter Unterschied zur Entwicklung in den Gesamtbetrieben. Deutlich geringer zurückgegangen ist auch die Zahl der schweinehaltenden Vermieterbetriebe. Während aber in allen land- und forstwirtschaftlichen Betrieben eine leichte Bestandsaufstockung stattfand, wurde die Schweinehaltung in vermietenden Betrieben bei an und für sich bereits kleinen Beständen weiter reduziert. Die Schweinehaltung, zumal wenn sie in größeren Beständen erfolgt, kann infolge der Geruchsbelästigungen als Musterbeispiel für nichtfremdenverkehrsaffine Tierarten angesehen werden. In den meisten Betrieben dürfte sie nur mehr den Hausbedarf decken. Dagegen hat die Zahl der Schafe in den Vermieterbetrieben zum Unterschied von der Gesamtentwicklung zugenommen.

Aus dem vorliegenden Material ergibt sich eine eindeutig positive Wirkung der Fremdenzimmervermietung auf die Viehhaltung: Sie erzeugt stabilisierende Wirkung, sowohl was die Zahl der viehhaltenden Betriebe betrifft als auch bezüglich der Viehzahlen. Nur die Schweinehaltung macht − im Gegensatz zu den Aussagen bei TOMASI (1978) für den Oberpinzgau − mit leicht abnehmenden Beständen eine Ausnahme. Auf diese positive Aussage deuten auch die Beantwortungen der geplanten Veränderungen des Rinderbestandes hin, da 92% aller vermietenden Betriebe den Bestand unverändert beizubehalten gedenken, während 8% eine Erweiterung planten.

Nach der eingangs aufgestellten Stufentheorie müßten diese positiven Effekte allerdings nur für jene Betriebe zutreffen, die sich in der Entwicklungsstufe 1 befinden, d. h. Betriebe, bei denen die Vermietung wegen ihres geringeren Umfanges noch keine Arbeitskonkurrenz darstellt. Dies ist grob gesprochen bei Frühstückszimmervermietung bis zu einem Bettenbestand von rund 10 Betten der Fall. Steigt die Zahl der Betten über dieses Ausmaß an, so beginnen die arbeitswirtschaftlichen Entzugseffekte zu überwiegen, und der land- und forstwirtschaftliche Betriebsteil ist gezwungen, auf diese Entwicklung zu reagieren. Zur Überprüfung dieser Hypothese wurde das Material der Betriebsbefragung in zwei Gruppen gegliedert: Eine Gruppe umfaßte Betriebe mit maximal 10 Betten, die zweite solche mit mehr als 10 Betten (Tab. 36). Das Ergebnis zeigt wesentliche Unterschiede in der Bestandsdynamik, die diese Hypothese bestätigen: Zwar erfolgte auch in den Betrieben mit stärkerer Fremdenzimmervermietung eine Bestandsaufstockung, doch liegt sie weit unter jener der Betriebe mit geringerem Vermietungsumfang. In der Gleichgewichtsphase treten bereits Betriebe auf, die ihre Bestände mehr oder minder deutlich einschränkten, um dem arbeitswirtschaftlichen Konkurrenzdruck zu entgehen. Gleiches gilt auch für die Schweinehaltung. Dagegen erfolgte eine wesentliche Aufstokkung der Pferde- und Schafbestände — Tierarten, die eine hohe Affinität zum Fremdenverkehr besitzen. Wir können dieses Ergebnis im Sinne der Stufentheorie als eine Umstrukturierung auf fremdenverkehrsaffine Viharten, eine relative Extensivierung, die durch ein stärkeres Umsteigen auf arbeitsextensive Viharten gekennzeichnet ist, und eine deutlich stärkere Auflassung der Viehhaltung interpretieren.

Tabelle 36: Entwicklung der Viehhaltung in Betrieben mit mehr als 10 Betten

Zahl der ...	Entwicklung der Viehhalter						Entwicklung der Viehzahlen					
	Betriebe über 10 Betten			Betr. unter 10 Betten			Betr. über 10 Betten			Betr. unter 10 Betten		
			Entw. in %			Entw. in %			Entw. in %			Entw. in %
	1960	1976	von 1960	1960	1976	von 1960	1960	1976	von 1960	1960	1976	von 1960
Rinder	115	110	−10,0	75	74	− 1,3	624	702	+12,5	1165	1712	+47,0
Kühe	111	108	−10,3	72	73	+ 1,4	226	250	+10,6	416	619	+48,8
Pferde	36	25	−40,0	16	13	−18,7	39	40	+ 2,6	36	9	−75,0
Schweine	111	104	−10,3	72	69	− 4,2	275	193	−29,8	1165	1051	− 9,8
Schafe	12	10	−16,7	18	20	+11,1	47	88	+87,2	112	89	−20,5

Quelle: Erhebung 1976.

3.3.2.3. Auswirkungen auf die Bodenmobilität

Es kann vermutet werden, daß der Fremdenverkehr zu einer Lockerung des Bodenmarktes beiträgt. Auf Grund der eingangs formulierten Theorie ist zu erwarten, daß vor allem in der Substitutionsphase eine starke Mobilisierung der landwirtschaftlichen Flächen, in der Regel verbunden mit einem Flächenverlust an den konkurrierenden Fremdenverkehr, auftritt. Es ist aber zu erwarten, daß auch bereits in den beiden vorangehenden Phasen Bodenbewegungen geringeren Umfanges ausgelöst werden. Dies kann dadurch geschehen, daß Betriebe vor Vermietungsbeginn Grund verkaufen, um ihre Investitionen zu finanzieren. Diese Hypothese wird durch die Ergebnisse der Investitionsfinanzierung gestützt: (a) Betriebe erwerben nach Vermietungsbeginn Flächen durch Pacht oder Kauf dazu, weil sie durch die Fremdenzimmervermietung zusätzliche Bareinnahmen besitzen; (b) Betriebe verkaufen nach Vermietungsbeginn, weil sie arbeitswirtschaftlich überlastet sind und ihre Einkommensinteressen sich zusehends von der Land- und Forstwirtschaft auf den Fremdenverkehr verlagern.

Von den insgesamt 128 Betrieben der Erhebung 1976, welche Angaben über die Bodenmobilität machten, haben 29% seit 1960 Grund zugekauft und 14% Grund verkauft. Mehrere Betriebe haben sowohl ver- als auch zugekauft, wohl um die innere Verkehrslage zu verbessern.

Ebenso haben bedeutend mehr Betriebe Grund zugepachtet als verpachtet. Auch die Pachtflächenbilanz ist hochaktiv (Tab. 37). Das gleiche gilt für die Kaufflächenbilanz, wenn auch Zahl und Flächen der verkaufenden Betriebe merklich größer sind als jene der Verpachtungsseite.

Während auf der Verkaufsseite vor allem Landwirtschaftliche Nutzflächen verkauft wurden, erfolgte neben dem Zukauf von landwirtschaftlich genutzten Flächen auch ein beträchtlicher Waldzukauf. Zieht man die Gesamtfläche der antwortenden Betriebe von über 4.000 ha als Vergleichswert heran, so entfallen nur etwa 8% der Fläche auf Zukauf und Zupacht. Dagegen machen Verkauf und Verpachtung flächenmäßig rund 1% der Bezugsfläche des Jahres 1976 aus. Die Flächenbilanz der Bodenmobilität ergibt somit zwischen 1960 und 1976 eine Flächenvergrößerung der vermietenden Betriebe von 7%.

Tabelle 37: Bodenmarkt in vermietenden Betrieben 1960—76

	Pachtmarkt			Kaufmarkt		
	Verpachtung	Zupacht	Bilanz	Verkauf	Zukauf	Bilanz
Betriebe	4	42	+ 38	18	37	+19
Fläche in ha	8,1	175,2	167,1	26,9	174,5	147,6
in % der Gesamtfläche [a]	0,2	4,3		0,7	4,3	
davon: LN in ha				15,4	107,1	
Wald in ha				4,4	67,4	
Baup. in ha				7,1	—	

[a] 4.032,7 ha
Quelle: Erhebung 1976.

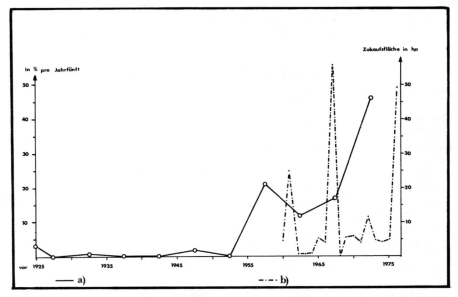

Abbildung 30: Entwicklung des Bodenmarkts (Pachtmobilität und Grundverkauf)

[a] Ver- und Zupachtungen (Beginn der 1976 bestehenden Pachtverhältnisse).
[b] Zukauffläche in ha.

Quelle: Erhebung 1976.

Innerhalb eines Zeitraumes von 16 Jahren ist dieser Aufstockungseffekt sicherlich nicht besonders eindrucksvoll, doch sind bei der Wertung zwei Faktoren zu berücksichtigen: (a) Der Flächenaufstockungseffekt ist in Berggebieten mit stärker hängigen Lagen wegen der begrenzten Mechanisierungsfähigkeit mehr oder minder eingeschränkt; (b) es erhebt sich die Frage, ob es ohne die Fremdenzimmervermietung als zusätzliche Einkommensschöpfung ebenfalls zu dieser Aufstockung gekommen wäre.

Weitaus die stärkste relative Aufstockung ergab sich im Waldviertel, wo Flächen im Umfang von jeweils 12% der Eigentumsfläche 1976 zugepachtet bzw. zugekauft wurden. Dagegen ist die Bodenmobilität in den NÖ-Kalkalpen – unter ungünstigeren Reliefvoraussetzungen – sehr gering, aber ebenfalls positiv. Bedeutender ist der Bodenmarkt in der Buckligen Welt. Hier steht in der Flächenbilanz ein deutlicher Verkaufsüberschuß einer relativ starken Zupacht gegenüber (Tab. 38).

Der Kauf von Bauparzellen erreicht teilweise bereits bedeutenderen Umfang: im Alpenvorland 2,1% der Landwirtschaftlichen Nutzfläche, in der Buckligen Welt 1,1%. Grundsätzlich verkaufen Betriebe aller Größenklassen Bauparzellen, doch sind die Kleinst- und die Großbetriebe (über 100 ha) unterdurchschnittlich beteiligt. Der Baugrundverkauf ist somit eine typische Verhaltensweise des bodengesättigten Familienbetriebes mit 20–40 ha Gesamtfläche, der über so viel Grund verfügt, daß er ohne wesentlichen Substanzverlust verkaufen kann. In den meisten Fällen bleibt der Bauparzellenanteil unter 5% der Landwirtschaftlichen Nutzfläche der Betriebe. Nur in zwei Fällen erreicht er einen höheren Prozentsatz (9% bzw. 13%).

Die Entwicklung des Pachtmarktes zeigt deutlich zunehmenden Trend (Abb. 30). Allerdings darf man dabei nicht übersehen, daß nur die heute noch existenten Pachtbewegungen erfaßt werden konnten, sodaß daraus sicherlich eine gewisse Verzerrung resultiert. Dennoch glauben die Verfasser, dies als Hinweis für eine in den letzten Jahren deutlich stärkere Bewegung des Pachtmarktes deuten zu können,

Tabelle 38: Bodenmobilität 1960–1976

Flächen	Großräume					Niederösterreich
	0	1	3	4	5	
Eigentumsfläche	904,8	147,1	2.234,1	677,1	361,3	4.324,3
davon verpachtet (%)	–	0,7	0,3	–	–	0,2
zugepachtet (%)	12,3	–	1,8	2,8	1,4	4,3
verkauft (%)	2,1	2,0	0,3	0,2	0,9	0,7
zugekauft (%)	11,9	2,4	2,2	2,1	0,1	4,3
Wald in ha	328,4	18,0	1.347,0	448,4	195,8	2.337,6
davon zugekauft (%)	10,7	4,4	1,9	1,3	–	2,9
verkauft (%)	1,3	–	–	–	–	0,2
LN in ha	576,4	129,1	887,1	228,7	165,5	1.986,7
davon zugekauft (%)	12,6	2,1	2,6	3,6	0,2	5,4
verkauft (%)	2,4	–	–	–	0,8	0,8
Bauparzellen (%)	0,1	2,3	–	0,6	1,1	0,4

Quelle: Erhebung 1976.

eine Entwicklung, die durchaus parallel zu jener der Vermietungen auf Bauernhöfen geht.

Die Entwicklung des Grundzukaufs zeigt leicht steigenden Trend, mit Maxima in den Jahren um 1960, 1965–67 und nach 1970. Sie entsprechen zugleich auch Maxima des Grundverkaufs.

Die Frage, wieweit zwischen Kaufmobilität und Fremdenzimmervermietung ein Zusammenhang besteht, wurde an Hand eines Korrelationsdiagrammes überprüft. In diesem wurden die Betriebe mit Grundverkauf bzw. -zukauf hinsichtlich der Zeitpunkte der Bodenbewegung und des Vermietungsbeginnes zueinander in Beziehung gebracht (Abb. 31).

Es zeigt sich, daß der Grundverkauf fast durchwegs vor Vermietungsbeginn erfolgte, sodaß er als Vorausaktion zur Investitionsfinanzierung interpretiert werden kann. Diese Schlußfolgerung wird auch durch die Analyse der Finanzierungsmittel (Kap. 3.1.5.) gestützt. In den hier betrachteten Betrieben erfolgte demnach auf dem Bodenmarkt keine Negativreaktion als Ergebnis der Fremdenzimmervermietung — bei der geringen Intensität des Bauernhofurlaubes und des Gesamtfremdenverkehrs in Niederösterreich im Sinne der Stufentheorie kein überraschendes Ergebnis.

Ebenso erfolgte der Zukauf von Flächen meist vor Vermietungsbeginn. Er kann demnach keine Folge der durch den Fremdenverkehr gesteigerten Bareinnahmen sein. Hier ist aber auch die umgekehrte Interpretation möglich, daß nach Fremdenverkehrsbeginn der Zukauf von weiteren Flächen zurückging (z. B. wegen Arbeitsüberlastung, Kapitalmangel, Desinteresse). Allerdings könnte eine endgültige Antwort nur durch einen Vergleich mit nicht vermietenden Betrieben gegeben werden.

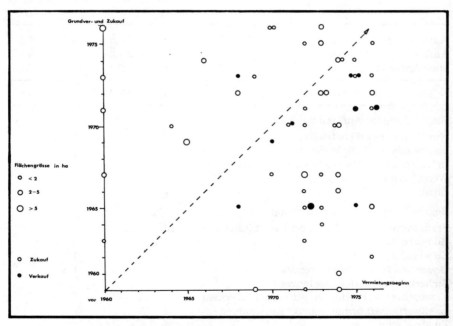

Abbildung 31: Bodenmobilität und Vermietungsbeginn

Quelle: Erhebung 1976.

Tabelle 39: Vermietungsbeginn und Bodenmobilität

ha Fläche	Zukauf VVB	Zukauf NVB	Verkauf VVB	Verkauf NVB	Zukauf GZ	Verkauf GZ
unter 2	19	6	7	1	1	3
2–5	10	7	1	–	1	–
über 5	1	2	1	–	–	–
Summe	30	15	9	1	2	3

VVB = Vor Vermietungsbeginn. NVB = Nach Vermietungsbeginn. GZ = Gleichzeitig.
Quelle: Erhebung 1976.

3.3.2.4. Auswirkungen auf die Existenz der landwirtschaftlichen Betriebe

Im Rahmen unserer Fallstudien wurde folgende provokante Frage gestellt: Können Sie sich vorstellen, daß Sie einmal die Bewirtschaftung aufgeben und nur mehr von der Vermietung leben? Es zeigte sich, daß ziemlich einheitlich 13–15% der Betriebsleiter unter gewissen Voraussetzungen sich dies durchaus vorstellen konnten (Tab. 40).

Tabelle 40: Auflassung der Bewirtschaftung

	Bucklige Welt	%	Nordwaldviertel	%
Auflassung wäre möglich	6	13,0	4	14,8
Auflassung undenkbar	39	84,8	23	85,2
ohne Antwort	1	2,2	–	–
	46	100,0	27	100,0
Begründung für Auflassung: [a]				
Nur Nebenerwerbsbetrieb	1		2	
Im Fremdenverkehr leichter verdientes Geld			1	
In Landwirtschaft unsicheres Einkommen			1	
Wenn Vermietung besser geht	2			
Zu alt	1			
Begründung für Nichtauflassung:				
Fremdenverkehr bringt zu geringes Einkommen	10		20	
Zu kurze Saison	1		3	
Zu wenig Zimmer	4		1	
Gewerbeschein wäre notwendig	1		1	
Sicherheit nur in der Landwirtschaft	3			
Erzeugung von Produkten für Fremdenverkehr	4			
Landwirtschaft bringt höheres Einkommen	3			
Zu abgelegen	4			

[a] Nicht alle Betriebe gaben eine Begründung an.
Quelle: Zusatzerhebung 1979.

Bei den Antworten spielt der Gedanke der Einkommenserzielung eine wesentliche Rolle, wobei fast durchwegs die Einkommenserzielung aus der Land- und Forstwirtschaft als günstiger eingestuft wird. Dies deutet aber bereits darauf hin, daß bei umfangreicherer Vermietung und damit einer Verschiebung der Einkommensrelationen in Richtung zum Fremdenverkehr durchaus eine Umorientierung denkbar erscheint. Interessant erscheint auch der Hinweis, daß die vorhandene Nebenerwerbsfunktion die Auflassung beeinflußt. Hier dürfte die geänderte sozialpsychologische Einstellung und die geringere Bindung an den landwirtschaftlichen Betrieb bei Nebenerwerbslandwirtschaften zum Vorschein kommen — eine Frage, die für die Beurteilung der Entwicklung der Nebenerwerbsbetriebe von größter Bedeutung ist. Es kann erwartet werden, daß dieselbe Fragestellung bei Vollerwerbsbetrieben ohne Vermietung insgesamt eine viel positivere Einstellung zur Land- und Forstwirtschaft erbracht hätte.

Die Auflassung der landwirtschaftlichen Betriebsführung erscheint als letzte Konsequenz des Spannungsverhältnisses zwischen Landwirtschaft und Fremdenverkehr, sobald die Fremdenzimmervermietung ein gewisses Niveau erreicht hat und günstige Chancen bietet. In intensiven Fremdenverkehrsgebieten mit hohem Nachfragepotential ist diese Reaktion von großer Bedeutung. Dies konnten Untersuchungen von BAUMHACKL (1974) über den Keutschacher See ebenso belegen wie eine Arbeit über Kleinkirchheim von HINTERMANN (1974). In Niederösterreich war es von Beginn unserer Untersuchung an klar, daß infolge des Fehlens vergleichbar hochwertiger Fremdenverkehrsgebiete dieser entscheidenste Schritt bestenfalls in Einzelfällen vorkommen würde. Es ist auch kaum zu erwarten, daß in absehbarer Zeit in den Gebieten mit Urlaub auf dem Bauernhof in Niederösterreich ein stärkerer landwirtschaftlicher Erosionsprozeß einsetzen wird. Ansätze sind aber in der sozialpsychologischen Einstellung, mit dem Verkauf landwirtschaftlicher Flächen an Zweitwohnungsbesitzer und mit den höheren Auflassungsquoten in der Viehhaltung bei größeren Vermietungsbetrieben gegeben.

Drei Beispiele für diese Entwicklung sollen angeführt werden:

Betrieb A: In der Lassingrotte in der Gemeinde Annaberg, einem traditionellen Gebiet bäuerlicher Zimmervermietung mit hoher Intensität, liegt mit 25 ha LN und 125 ha Wald einer der größten Höfe dieses Gebietes. Die Vermietung begann bereits in der Zwischenkriegszeit, indem im alten Wohnhaus an Bekannte vermietet wurde. Angeschlossen ist eine kleines Sägewerk, sodaß der Betrieb im Nebenerwerb geführt wurde. Die Frau arbeitete früher in einem Hotelbetrieb und bringt geringe Neigung für die landwirtschaftliche Arbeit mit sich. 1965 wurde nach dem Neubau eines Wohnteiles und dem Ausbau mehrerer Fremdenzimmer die eigentliche Vermietung begonnen. Die Land- und Forstwirtschaft mit einem Bestand von rund 35 Rindern wurde in dieser Zeit von Bediensteten betrieben. 1977 wurde der landwirtschaftliche Betrieb verpachtet. Der Pächter nutzt das Wirtschaftsgebäude weiterhin und hat die Landwirtschaft sogar intensiviert. Ein durch Erbschaft um 1970 an die Besitzer gefallener Hof in Reith wurde ebenfalls verpachtet. Während das Wohngebäude vom Stift Lilienfeld für Forstarbeiterwohnungen gemietet wurde, verfällt das Wirtschaftsgebäude. Höhergelegene Steilflächen wurden aufparzelliert und als Baugrund verkauft.

Betrieb B: Im Verhaltens- und Reaktionsmuster recht ähnlich vollzog sich auch die Entwicklung in zwei Betrieben in der Buckligen Welt: In der Ortschaft Otterthal westlich von Kirchberg am Wechsel liegt der 15 ha große Betrieb. Neben 12 ha Forstfläche umfaßt er nur allerdings 3 ha Landwirtschaftliche Nutzfläche. Im alten Wohnhaus wurde hier seit 1945 vermietet. Nach dem Tod des Betriebsleiters besuchte die Bäuerin einen Fremdenverkehrskurs und begann 1974 mit dem Neubau eines Wohnhauses, das 20 Fremdenbetten umfaßt und als Gewerbebetrieb geführt wird. Nach Aufnahme der Vermietung wurde die gesamte landwirtschaftliche Nutzfläche verkauft. Heute werden nur noch einige Schweine zur Selbstversorgung gehalten.

Betrieb C: In derselben Gemeinde liegt Am Stein ein weiterer Hof, dessen Bewirtschaftung aufgelassen wurde. Der Entwicklungsprozeß ging aus von einem rein landwirtschaftlichen Betrieb, der eine Gasthauskonzession erwarb und später mit der Vermietung begann. Damit wurde ein Gewerbebetrieb mit 20 Betten dem landwirtschaftlichen Unternehmen, das 14 ha LN und 6 ha Wald umfaßt, angeschlossen. Auch hier wurde 1970 die Landwirtschaft verpachtet, und heute werden nur noch einige Schweine gehalten.

Schon diese wenigen Beispiele zeigen, daß dieser Reduktions- und Auflassungsprozeß keinesfalls nur die kleinen, nicht existenzfähigen landwirtschaftlichen Betriebe erfaßt. Sie zeigen zudem den Aktionsmechanismus eines stufenweise erfolgenden Abbauprozesses der Bindung an die Landwirtschaft.

3.3.2.5. Multiplikatorwirkungen

Das im Fremdenverkehr verdiente Geld fließt — sofern ein Gewinn erzielt wird — den verschiedensten Bereichen zu. In der vorliegenden Untersuchung stand die Frage im Vordergrund, wieweit sich dadurch positive Auswirkungen auf die Landwirtschaft ergeben. Dies erscheint denkbar durch Investitionen beim Wirtschaftsgebäude und in der landwirtschaftlichen Innenwirtschaft, in der Mechanisierung und im Zukauf oder in der Zupacht von Grund zur Vergrößerung der landwirtschaftlichen Betriebsfläche.

Nach RÖDLING (II 1974, S. 113 ff.) wird der Großteil des durch die Fremdenzimmervermietung verdienten Nettoeinkommens für den Hausbau (26%: Neuinvestitionen, Abzahlung von Schulden) und den Haushalt (23%: Essen, Kleidung, Möbel) verwendet. Ein überraschend geringer Teil von nur 10% fließt der Landwirtschaft direkt zu (Anschaffung neuer Maschinen, Ausgaben für die Viehzucht).

In der Folge soll einigen der wichtigsten Bereiche potentieller Einkommensverwendung in der landwirtschaftlichen Innenwirtschaft, im Hausbau und im Haushalt nachgegangen werden.

3.3.2.5.1. Auswirkungen auf die Innenwirtschaft

Fast die Hälfte aller befragten Betriebe hat das Wirtschaftsgebäude nach 1900 neu erbaut. 55% haben einen teilweisen Neubau durchgeführt. Fast in allen Betrieben mit Kuhhaltung waren 1976 bereits Melkmaschinen vorhanden (76% aller Betriebe). Ebenso hat rund die Hälfte aller Betriebe bereits eine Milchkammer eingerichtet. Am wenigsten haben bisher Entmistungssysteme Verbreitung gefunden, obwohl Dungstätten zu 80% ausgebaut sind. Rund die Hälfte aller Betriebe ist zur Silowirtschaft übergegangen, die den Vorteil geringerer Wetterabhängigkeit bringt.

Der zeitliche Verlauf der Investitionstätigkeit in der landwirtschaftlichen Innenwirtschaft ist dadurch gekennzeichnet, daß der Schwerpunkt vor 1970 liegt (Abb. 32). Die Investitionen waren somit zum Zeitpunkt des Vermietungsbeginnes mit einem hohen erreichten Ausbaugrad weitgehend abgeschlossen. Dies gilt im besonderen für den Düngerstättenausbau und die Anschaffung von Melkmaschinen. In allen Fällen haben sich die Investitionskurven zu einem Zeitpunkt, als der Hauptausbau der Bettenkapazität erfolgte, bereits stark gesenkt. In dieser Periode wurde der Kapitaleinsatz in steigendem Maße durch den Wohnhausbau und den Ausbau der Fremdenverkehrsinfrastruktur absorbiert, die erst nach 1970 mit voller Stärke einsetzten.

In diesen Investitionsverläufen zeigt sich deutlich die Prioritätensetzung des landwirtschaftlichen Denkens, in der den Produktionsmitteln der Vorrang vor dem Ausbau des Wohnkomforts und der Fremdenzimmer gegeben wird. Nach dem vorliegenden Material muß daher die Hypothese, daß durch den Fremdenverkehr geschaffene Zusatzeinkommen in den Ausbau des land- und forstwirtschaftlichen Betriebes gesteckt werden, verworfen werden.

Um die Auswirkungen der Fremdenzimmervermietung auf das Investitionsverhalten festzustellen, wurden jene Betriebe, die bereits seit längerer Zeit vermieten (Vermietungsbeginn vor 1960 und 1960–65); genauer untersucht. Dabei zeigte sich, daß Betriebe, die bereits vor 1960 mit der Vermietung begonnen hatten, durchwegs einen geringeren Ausbaustand ihrer Innenwirtschaft hatten als jene, die erst später mit dem Ausbau begannen. Nur ein Teil von ihnen hat die entsprechenden Produktionsmittel noch nachträglich angeschafft. Dagegen haben Betriebe, die zwischen 1960–65 mit der Vermietung begannen, einen leicht überdurchschnittlichen Ausbaustand. Sie hatten diese Investitionen bereits zum Großteil vorweggenommen. Nur der Neu- oder Umbau des Wirtschaftsgebäudes erfolgte – unabhängig vom Vermietungsjahr – fast durchwegs vor Vermietungsbeginn.

Es kann daraus der Schluß gezogen werden, daß die Aufnahme des Fremdenverkehrs dem land- und forstwirtschaftlichen Betrieb zumindest vorübergehend Kapital entzieht, das in den Ausbau des Wohngebäudes und Fremdenverkehrs investiert wird. Die betriebswirtschaftlichen Investitionen wurden entweder bereits vorweg geleistet oder sie müssen hinter den neuen Erfordernissen zurückstehen.

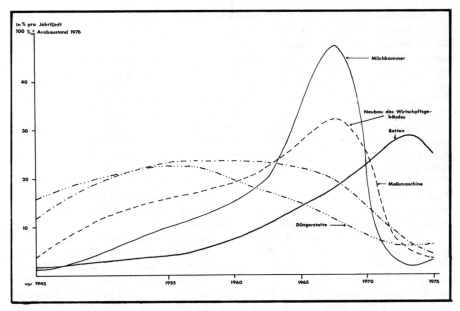

Abbildung 32: Investitionsverläufe im Bereich der Innenwirtschaft

Quelle: Erhebung 1976.

Tabelle 41: Investitionsverhalten der Betriebe mit frühem Vermietungsbeginn

	Vermietungsbeginn						Ausbauquote in % Vermietungsbeginn		
	vor 1960			nach 1960			vor	1960–	Alle
	VV	NV	KI	VV	NV	KI	1960	1965	Betriebe
Völliger Neubau	6	–	7	6	2	5	46,2	61,5	50,8
Teilweiser Neubau	2	1	10	4	1	8	23,1	38,5	43,3
Melkmaschine	2	7	4	7	3	3	69,2	76,9	75,8
Milchkühlanlage	–	6	7	4	3	6	46,2	53,8	49,2
Entmistungsanlage	–	1	12	–	5	8	7,7	38,5	25,0
Düngerstätte	4	6	3	10	2	1	76,9	92,3	80,0
Silo	2	3	8	4	4	5	38,5	61,5	55,0

VV = Vor Vermietungsbeginn. NV = Nach Vermietungsbeginn. KI = Keine Investitionen.
Quelle: Erhebung 1976.

3.3.2.5.2. Auswirkungen auf den Wohnhausbau

Eine der wesentlichsten Veränderungen, die der Fremdenverkehr mit sich bringt, ist die Modernisierung und Renovierung der Höfe, die Schaffung sanitärer Einrichtungen, der Um- und Ausbau der alten, vielfach baulich schlechten Substanz (RÖDLING II 1974, S. 71, PEVETZ 1967, S. 21, TOMASI 1978).

Niederösterreich mit seinen zumeist kleinen und vielfach in desolatem Zustand befindlichen landwirtschaftlichen Wohnhäusern hat hier gegenüber den westlichen Bundesländern mit ihren stattlichen Höfen einen großen Nachteil. Diese Voraussetzungen führen dazu, daß in Niederösterreich die Entscheidung zum Vermietungsbeginn in viel höherem Maße mit Investitionsentscheidungen in den Zu- oder Neubau von Wohnhäusern korreliert als in den westlichen alpinen Landschaften (PEVETZ 1967, S. 19). Dies führt zu einer völligen Umkehr des Entscheidungs- und Aktionsprozesses: Während in den alpinen Gebieten in der Regel nach relativ einfachen Adaptionen in bereits bestehenden Räumen der Vermietungsbeginn einsetzt und erst in einer späteren Phase durch einen Neubau des Wohnhauses abgeschlossen wird (TOMASI 1978), müssen in Niederösterreich umfangreiche und kostspielige bauliche Investitionen der Vermietung vorausgehen.

Eine Grundvoraussetzung für die Vermietung war die Schaffung einer mit Pkw befahrbaren Hofzufahrt, und zwar besonders in den Niederösterreichischen Kalkalpen, weniger dagegen im Waldviertel, wo durch die Sammelsiedlungen ein meist problemloser Straßenanschluß gegeben ist.

Abb. 33 zeigt, daß auch der Wohnhausbau in Niederösterreich eine wichtige Vorausinvestition für die Fremdenzimmervermietung darstellt. Besonders nach 1970 ist es fast zur Regel geworden, daß dem Vermietungsbeginn wenige Jahre zuvor der Wohnhausneubau vorausgeht. Vor 1970 übernimmt in den meisten Fällen ein teilweiser Neubau oder die Aufstockung des Wohngebäudes diese Funktion. Nur in wenigen Fällen ist die Vermietung größeren baulichen Investitionen vorausgegangen. Zumeist handelte es sich dann im Zuge der Bettenaufstockung nur um einen teilweisen Ausbau oder um eine Aufstockung des Wohngebäudes.

Die beiden wichtigsten baulichen Maßnahmen in der Wohnhausverbesserung sind der völlige Neubau des Wohnhauses (43% aller Betriebe) und die Aufstockung des Wohngebäudes (38%). Weniger häufig sind ein teilweiser Neubau oder ein Mansardenausbau anzutreffen. TOMASI (1978) hat in ihrer Untersuchung über den Oberpinzgau völlig andere Verhältnisse vorgefunden: Dort erfolgte nur in 21% aller Vermietungsbetriebe ein Neubau, 21% hatten aufgestockt, 20% zugebaut, 22% bestehende Räume ausgebaut und bei 16% erfolgte ein Umbau.

Aber auch in Niederösterreich bestehen deutliche regionale Unterschiede (Tab. 42): So wurde in den reiferen Fremdenverkehrsgebieten der Niederösterreichischen Kalkalpen und der Buckligen Welt überproportional Neubaumaßnahmen durchgeführt, während im Alpenvorland und im Gebiet Alpenostrand Aufstockung und teilweiser Neubau überwiegen. Im Waldviertel halten sich Neubau und Aufstockung annähernd die Waage.

3.3.2.5.3. Auswirkungen auf die Haushaltsausstattung

Die Ausstattung der vermietenden Betriebe mit Haushaltsgeräten ist im Vergleich zu nichtvermietenden Betrieben, aber auch zu nichtlandwirtschaftlichen Haushalten überdurchschnittlich gut. Wegen des relativ hohen Anteils an Wohnhausneubauten dürfte dies — zumindest im Vergleich zu den übrigen ländlichen

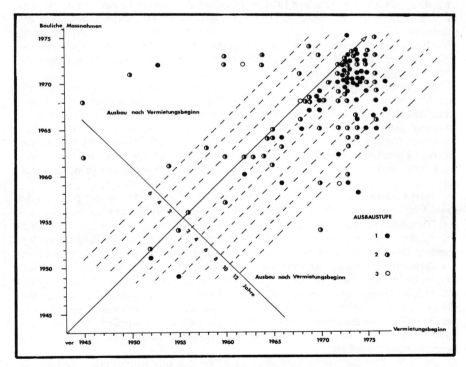

Abbildung 33: Vermietungsbeginn und Wohnhausausbau

1 = Völliger Neubau.
2 = Teilweiser Neubau/Aufstockung.
3 = Mansardenausbau.
Bei mehrmaligem Ausbau je Betrieb wurde nur die bedeutendste Ausbaustufe eingezeichnet.

Tabelle 42: Maßnahmen zur Verbesserung der Bausubstanz im Wohnhaus

	Antwortende Betriebe	davon... in %				
		Völliger Neubau	Aufstockung	Hofzufahrt	Teilw. Neubau	Mansardenausbau
Waldviertel	52	40,4	42,3	26,9	25,0	13,5
Alpenvorland	9	22,2	66,7	66,7	55,6	–
NÖ.-Kalkalpen	46	56,5	28,3	56,5	28,3	26,1
Ostalpenrand	14	14,3	42,9	42,9	42,9	7,1
Bucklige Welt	13	46,2	30,8	46,2	15,4	–
Niederösterreich	134	42,5	38,1	43,3	29,1	14,9

Quelle: Erhebung 1976.

Haushalten – auch bezüglich des Sanitärkomforts gelten (vgl. TOMASI 1978). Fast jeder vermietende Betrieb hat Wasserleitungsanschluß und WC und Dusche bzw. Bad. Diese Grundausstattung ist nach den Vorstellungen der Bauernhofurlauber unbedingt erforderlich (PEVETZ 1978, S. 14). Die Urlauber sind zwar bereit, eine einfache Ausstattung hinzunehmen, doch verlangen sie als Mindestvoraussetzung hygienische Sanitäranlagen. Rund 80–85% aller Betriebe haben Zentralheizung, Waschmaschine, Eisschrank und Fernsehapparat, 60–80% haben jeweils Telefon, einen Aufenthaltsraum und eine Tiefkühltruhe, beachtenswerte 30% besitzen Geschirrspüler und Bügelmaschine.

Besonders bei Waschmaschine, Geschirrspüler und Bügelmaschine liegen die Ausstattungsquoten deutlich über jenen in allen landwirtschaftlichen und in Arbeiterhaushalten. Offensichtlich kommt ein Teil der Einnahmen aus dem Fremdenverkehr der arbeitswirtschaftlichen Entlastung der Bäuerin durch die Anschaffung moderner Geräte zugute. Nach RÖDLING (II 1974, S. 116 ff.) fließen die Einnahmen aus dem Fremdenverkehr sogar in der Mehrzahl aller Betriebe in Komfortverbesserungen ab, während Investitionen in die Landwirtschaft geringere Priorität besitzen.

Interessante Ergebnisse zeigt ein Vergleich der Entwicklung des Beginns der Fremdenzimmervermietung mit den Anschaffungskurven für Haushaltseinrichtungen (Tab. 43): Die Ausstattung mit Wasserleitung, WC und Bad kann als unumgänglich notwendige Vorausinvestition für jede Fremdenzimmervermietung angesehen werden. Die Entwicklung der Ausstattungskurve geht daher dem Kurvenverlauf des Vermietungsbeginnes knapp voraus. Waschmaschinen, Kühl- und Gefriergeräte weisen einen besonders atypischen Investitionsverlauf auf, da hier die Hauptanschaffungsperiode bereits zwischen 1960 und 1970, also noch deutlich vor dem Maximum des Vermietungsbeginns liegt. Es ist zu vermuten, daß bei diesen Geräten der Bezug zur Fremdenzimmervermietung gering ist: Sie werden auch dann gekauft, wenn eine Vermietung nicht ins Auge gefaßt wird. Ähnliches dürfte auch für Fernsehapparate gelten.

Dagegen sind Zentralheizung, noch mehr Telefon und Aufenthaltsraum, vor allem aber Geschirrspülmaschine und Bügelmaschine typische Folgeinvestitionen, welche einer Verlängerung der Saisondauer (Zentralheizung) dienen, die Möglichkeiten der telefonischen Zimmerbestellung schaffen oder die Arbeitsbelastung im Haushalt vermindern.

Tabelle 43: Ausstattung der Haushalte bäuerlicher Vermieterbetriebe und Entwicklung der Anschaffung in %

Beginn	Wltg.[a]	WC	Dusche Bad	Elektr.	Tel.	TV	Zh.[b]	Ar.[c]	Bm.[d]	Esch.[e]	Tk.[f]	Wm.[g]	Gsp.[h]
– 1945	7,0	1,5	1,6	13,7	2,4	–	–	–	–	–	–	–	–
– 1955	10,9	6,9	2,3	22,2	3,5	1,0	1,0	3,7	–	9,3	6,0	9,4	–
– 1960	8,6	6,2	6,3	6,8	5,9	1,9	–	3,7	2,6	13,1	28,0	24,5	–
1961	1,6	1,5	0,8	2,6	1,2	1,9	–	–	2,6	0,9	2,0	1,9	–
1962	1,6	1,5	0,8	–	1,2	1,9	1,0	1,2	–	1,9	3,0	5,7	–
1963	1,6	1,5	2,3	–	1,2	–	1,9	1,2	2,6	0,9	1,0	2,8	–
1964	3,1	4,6	6,3	0,9	–	2,9	4,8	–	–	3,7	7,0	6,6	5,6
1965	2,3	3,8	2,3	5,1	1,2	3,8	4,8	3,7	5,1	5,6	7,0	4,7	–
1966	3,1	3,8	3,1	1,7	3,5	3,8	3,8	6,2	2,6	3,7	4,0	2,8	–
1967	2,3	2,3	2,3	2,6	3,5	6,7	2,9	1,2	–	2,8	5,0	1,9	–
1968	3,1	3,8	3,1	2,6	3,5	5,7	2,9	2,5	5,1	3,7	3,0	4,7	2,8
1969	3,1	3,8	5,5	1,7	4,7	5,7	1,9	3,7	2,6	1,9	1,0	0,9	–
1970	8,6	6,2	6,3	4,3	10,6	11,4	9,5	3,7	2,6	11,2	12,0	8,5	5,6
1971	4,7	4,6	3,1	5,1	1,2	7,6	9,5	4,9	2,6	2,8	2,0	4,7	5,6
1972	7,8	10,0	15,6	6,8	10,6	12,4	10,5	8,6	7,7	7,5	6,0	9,4	13,9
1973	14,8	14,6	14,8	9,4	8,2	12,4	14,3	11,1	12,8	7,5	5,0	4,7	16,7
1974	6,3	9,2	10,2	5,1	12,9	5,7	12,4	16,0	17,9	11,2	3,0	0,9	8,3
1975	7,0	10,0	9,4	6,0	18,8	10,5	10,5	16,0	17,9	5,6	3,0	0,9	16,7
1976	2,3	3,8	3,9	3,4	3,5	4,8	4,8	9,9	10,3	4,7	2,0	4,7	16,7
1977	–	–	–	–	2,4	–	3,8	3,7	5,1	0,9	–	–	8,3
Absolut	128	130	128	117	85	105	105	81	39	107	100	106	36
Astqu.[i]	98,5	100,0	98,5	90,0	65,4	80,8	80,8	62,3	30,0	82,3	76,9	81,5	27,7

Zum Vergleich:

		Wltg.	WC	Dusche/Bad	Elektr.	Tel.	TV	Esch.	Tk.	Wm.	Gsp.
Landwirte	1974					42	80	86	79	64	4
insgesamt	1979					62	97	87	84	67	10
Arbeiter-	1974					25	83	90	41	74	1
haushalte	1979					49	99	88	54	74	5

[a] Wasserleitung; [b] Zentralheizung; [c] Aufenthaltsraum; [d] Bügelmaschine; [e] Eisschrank; [f] Tiefkühltruhe; [g] Waschmaschine; [h] Geschirrspülmaschine; [i] Ausstattungsquote.
Quellen: WOLF 1980; Erhebung 1976.

4. Zusammenfassung

„Urlaub auf dem Bauernhof" entwickelte sich als besondere Angebotsform für einen spezifischen Nachfragesektor vornehmlich nach dem Zweiten Weltkrieg in allen reifen Fremdenverkehrsländern der Welt. Soweit Vergleichsdaten vorliegen, spielt diese Form des Freizeitangebots in Österreich eine viel bedeutendere Rolle als in anderen Ländern, entfielen doch bereits 1970 rund 24% des österreichischen Bettenbestandes auf bäuerliche Vermieterbetriebe. Eine noch größere Bedeutung erreicht sie in Niederösterreich, wo 1976 schätzungsweise 35–40% der Fremdenbetten in Bauernhöfen vermietet wurden.

Während der bäuerlichen Fremdenzimmervermietung somit eine ganz bedeutende Rolle innerhalb des niederösterreichischen Fremdenverkehrs zukommt, ist die Bedeutung für die produktionsstarke niederösterreichische Landwirtschaft relativ bescheiden: Nur 5% aller Betriebe Niederösterreichs vermieten Fremdenbetten und der Beitrag der Roheinnahmen aus Vermietung und Direktvermarktung landwirtschaftlicher Produkte zum Gesamtrohertrag der niederösterreichischen Land- und Forstwirtschaft ist mit etwas mehr als einem Prozent recht bescheiden.

Als spezifisches Angebotssegment unterscheidet sich der Urlaub auf dem Bauernhof in Niederösterreich in seinen externen und internen Grundlagen, der Struktur der nachfragenden Gästeschicht und in seiner Problematik sehr wesentlich vom übrigen Österreich. Er erhält seine besondere Prägung durch die Nähe zum Ballungsraum Wien-Wiener Becken. Mit weit über zwei Millionen Menschen stellt dieser Raum das wichtigste inländische Herkunftsgebiet dar, auf das rund 62% aller Übernachtungen entfallen. Es sind vornehmlich zwei Gästeschichten vertreten: Eine sehr bedeutende Gruppe bilden ältere Personen mit niedrigen Anspruchs- und Preiserwartungen, die ein vielfach überaltertes, mit geringem Komfort ausgestattetes Angebot frequentieren. Dies läßt sich daran messen, daß nur 12% des Gesamtzimmerangebots als Komfortzimmer mit Bad bzw. Dusche und WC einzustufen sind.

Daneben tritt eine Gästeschicht auf, die in erster Linie Ein- und Zwei-Kinder-Familien umfaßt, und die – bei ebenfalls niedrig angesetzten Preisvorstellungen – einen vergleichsweise hohen Standard des Fremdenverkehrsangebots erwartet. Aus dieser Polarisierung innerhalb der Nachfrage ergeben sich für die traditionellen Räume mit Urlaub auf dem Bauernhof wesentliche Anpassungs- und Umstrukturierungsprobleme, so etwa für die Gebiete Bucklige Welt oder das Südliche Waldviertel. Umgekehrt stehen jene Betriebe, die sich den modernen Nachfragemustern anzupassen versuchen, vor dem Problem eines kostspieligen Fremdenzimmerausbaues, dessen Fixkosten letztlich die Kapitaldecke der Land- und Forstwirtschaft einengen.

Diese Disparitäten innerhalb der Nachfrage- und Angebotsstrukturen finden sich vor dem Hintergrund einer explosionsartigen Erweiterung der Bettenkapazität in den Jahren 1972–74, mit der die quantitative Steigerung der Nachfrage nicht Schritt halten konnte. Daraus resultiert im Durchschnitt der Betriebe eine völlig unbefriedigende Auslastung. Unter ihr haben besonders die neuvermietenden Betriebe mit vielfach ansprechendem Angebot zu leiden, da sie sich noch keine Schicht von Stammgästen aufbauen konnten. Mangelnde Auslastung der Bettenkapazitäten — im Mittel mit 56 Tagen im Jahr der niedrigste Wert aller vergleichbaren Untersuchungen — und hohe Kapitalbelastung durch den zumeist vor Vermietungsbeginn notwendigen Neubau führen zusammen mit dem niedrigen erzielbaren Preisniveau in vielen Betrieben zu einer völlig unzureichenden Rentabilität.

Dieser hohe Kapitaleinsatz, der bereits vor Vermietungsbeginn getätigt werden muß, ist mit ein Grund dafür, daß sich an der Zimmervermietung fast nur Betriebe mit über 10 ha Betriebsfläche und mit größerem Waldanteil beteiligen können. Die Rangordnung der Investitionen wird in der Regel durch die Abfolge: Landwirtschaftliche Investitionen — Wohngebäudeinvestitionen — Fremdenverkehrsinvestitionen bestimmt. Dies führt dazu, daß das Eintrittsalter der Betriebsinhaber in die Fremdenzimmervermietung sehr hoch liegt (72% der Betriebsinhaber waren bei Vermietungsübernahme über 34 Jahre alt, 30% sogar über 44 Jahre). Die typische Vermieterfamilie besteht aus dem Besitzerehepaar, das zumeist von Kindern oder den Eltern unterstützt wird und insgesamt mehr als zwei Vollarbeitskräfte umfaßt. Ab einem Angebot von mehr als 10 Fremdenbetten wird — bei der üblichen Frühstücksvermietung — dem Betriebe eine volle Arbeitskraft gerade zum Zeitpunkt der höchsten Arbeitsspitzen in der Landwirtschaft entzogen.

Der häufigste Typ des Urlaubs auf dem Bauernhof in Niederösterreich ist der bäuerliche Privatvermieter mit Frühstücksangebot (55%); Vollverpflegung durch bäuerliche Privatvermieter wird von 15% der Betriebe angeboten, über eine Konzession verfügen 17%. Die Vermietung von Kleinwohnungen oder modernen Ferienwohnungen macht 13% des Angebotes aus. Diese Angebotstypen repräsentieren die wichtigsten Stadien im potentiellen Entwicklungsweg bäuerlicher Vermieterbetriebe: Die Initialphase mit einer gegenüber der Landwirtschaft untergeordneten Bedeutung der Vermietung wurde bisher nur von einem geringen Anteil der Vermieterbetriebe überschritten.

Sowohl auf dem Kapitalsektor als auch im Bereich des Arbeitspotentials tritt die Zimmervermietung mit der Land- und Forstwirtschaft in ein enges Ergänzungs-Konkurrenzverhältnis. Es war eines der Hauptziele dieser Studie, die eingangs formulierte Theorie einer sich in drei Stufen unterschiedlicher Faktorrelationen abspielenden Entwicklung zu überprüfen und ihre Auswirkungen festzustellen. Dabei wurde eine Initialphase, in der bei geringem Beitrag des Fremdenverkehrs zur Einkommensschöpfung eine hohe Kapitalbelastung auftritt, von einer Gleichgewichts- und Substitutionsphase unterschieden. In der Gleichgewichtsphase ergibt sich bei weiterhin hoher Kapitalbelastung eine zunehmende Beanspruchung des Arbeitskräftepotentials durch den Fremdenverkehr, verbunden mit vergleichsweise hohem Anteil der Fremdenverkehrseinnahmen und ersten Reaktionen im Bereich der landwirtschaftlichen Nutzung. Bei weiterem Ausbau und vor allem in reifen Fremdenverkehrsgebieten steigt auch die Konkurrenzierung am Bodenmarkt sprunghaft an. Durch zunehmenden Entzug von Arbeitskraft und Desinteresse an Investitionen in der Landwirtschaft erfolgt in der Substitutionsphase ein stufenweiser Abbau der landwirtschaftlichen Basis, der bis zur völligen Betriebsauflassung führen kann.

Die Auswirkungen der Fremdenzimmervermietung werden zunächst als Primäreffekt bei den Arbeitskräften und beim Einkommen spürbar. Je nach Vermietungsform (Voll-, Halb- oder Frühstückspension) wird ab etwa 6—15 Betten dem Betrieb eine volle Arbeitskraft entzogen. Mit demgleichen Arbeitsaufwand, mit dem der durchschnittliche niederösterreichische Vermieterbetrieb (10,7 Betten, Frühstückspension, 56 Vollbelegstage) seine Fremdenzimmer vermietet, können 15 ha Getreidefläche oder 9 ha Dauergrünland bewirtschaftet oder 2—3 Kühe gehalten werden, deren Arbeitsproduktivität teilweise deutlich über jener der Zimmervermietung liegt. So ist der Rohertrag, der von 15 ha Getreidefläche erzielt werden kann, zehnmal höher als die aus der Vermietung eines Fremdenzimmers erzielbaren Einnahmen. Nur bei der arbeitsintensiven Milchviehhaltung ist das Verhältnis ungünstiger, da der Rohertrag von 2—3 Kühen bestenfalls die Hälfte der Roheinnahmen aus der Fremdenzimmervermietung abdeckt.

Auf der Einkommensseite wird — selbst unter den günstigen Voraussetzungen der Modellkalkulationen I und II — bei einem Durchschnittspreis von 60 S für Frühstückspension je Tag (1976) und bei der durchschnittlichen Auslastung von 56 Tagen kein Gewinn erzielt, der zur Abdeckung der auftretenden kalkulatorischen Kosten (Lohnanspruch und Eigenkapitalverzinsung) dienen kann. Nur durch eine Mißachtung dieser Kostenfaktoren können diese Betriebe überhaupt eine Fremdenzimmervermietung betreiben.

Da die Preisstruktur regional und betrieblich nur geringe Unterschiede aufweist, kann eine Abdeckung des kalkulatorischen Anspruchs und damit ein Arbeits- und Kapitaleinkommen nur in Betrieben erreicht werden, die eine deutlich bessere Auslastung haben. Das bedeutet, daß der durchschnittliche niederösterreichische Vermieterbetrieb dem land- und forstwirtschaftlichen Betriebsteil nicht nur Investitionskapital sondern auch laufend Arbeitskraft entzieht.

Diese Primärwirkungen führen zu Sekundäreffekten, indem sie sich auf weitere Bereiche der Land- und Forstwirtschaft, des Lebensstandards und auf die sozialen Verhaltensmuster auswirken. Eindeutig fremdenverkehrsinduzierte Änderungen in der Bodennutzung konnten allerdings nicht festgestellt werden, da die vergleichbare Entwicklung in nichtvermietenden Betrieben fehlt. Es ist zu vermuten, daß Veränderungen in der Bodennutzung in der Regel erst als Folgewirkung von Veränderungen in der Viehhaltung auftreten. Generell zeigen Betriebe mit Fremdenzimmervermietung einen überdurchschnittlich starken Ausbau der Rinder-, Kuh- und Schafhaltung und einen unterdurchschnittlich geringen Rückgang der Pferdehaltung bei starker Reduzierung des Schweinebestandes. Diese Aussage gilt in noch viel höherem Maße als für den Durchschnittsbetrieb für Betriebe, die sich in der Initialphase befinden. Dagegen treten in der Substitutionsphase bereits vermehrt Betriebe auf, die ihren Rinder- und Kuhbestand einschränken oder aufgeben, während umgekehrt ein Ausbau fremdenverkehrsaffiner Tierarten, wie Pferde und Schafe, stattfindet. Dagegen konnten Auswirkungen auf die Bodennutzung nicht eindeutig als fremdenverkehrsinduziert interpretiert werden.

Auswirkungen am Bodenmarkt und im Investitionsbereich der land- und forstwirtschaftlichen Innenwirtschaft konnten nur insoweit festgestellt werden, als ein Großteil der Bodenbewegungen und des Ausbaues der Innenwirtschaft vor Vermietungsbeginn erfolgt. Grundverkäufe, vor allem von Baugrund, werden zumeist von Betrieben mittlerer Größe zur Investitionsfinanzierung eingesetzt. Diesbezüglich ergab sich nachträglich eine gewisse Abänderung der Stufentheorie, als auch eine Vorphase einbezogen wurde, in der bei hohem Kapitalbedarf und zumeist hoher Arbeitselastizität eine stärkere Bodenbewegung durch den Grundverkauf auftritt.

Extremfall des Substitutionsprozesses ist die Aufgabe der Bewirtschaftung. Rund 13—15% der Betriebe halten diese Entwicklung immerhin für denkbar. Beispiele für tatsächlich erfolgte Betriebsauflassungen konnten in den reiferen Fremdenverkehrsgebieten von Annaberg und der Buckligen Welt gefunden werden. Sie stellen durchwegs eine Folge eines starken Ausbaues der Fremdenzimmer und einer Verlagerung der Interessen von der Land- und Forstwirtschaft zum alternativen Vermietungssektor dar. Es ist charakteristisch für derartige fremdenverkehrsinduzierte Betriebsauflassungen, daß sie vornehmlich größere, grundsätzlich existenzfähige landwirtschaftliche Betriebe erfassen.

Die Struktur des Urlaubs auf dem Bauernhof in Niederösterreich läßt deutlich regionale Differenzierungen erkennen, welche insbesondere mit der Entwicklung der einzelnen Teilgebiete zusammenhängen. In den reiferen Räumen sind generell bessere wirtschaftliche Bedingungen und Gegebenheiten anzunehmen: Bessere Auslastung, bessere Ausstattung der Betriebe, bessere Einkommens- und Rentabilitätsbedingungen usw. Strukturräume mit bäuerlichem Charakter überwiegen in Niederösterreich ganz deutlich (Waldviertel, östliches Alpenvorland und Ostteil der NÖ-Kalkalpen, Bucklige Welt-Nord); eine Mischung bäuerlicher und gewerblicher Angebotstypen ist charakteristisch im Waldviertel-Süd, im Raum Annaberg und Traisental sowie im Bereich Hochwechsel. Dominant gewerblich ist die Angebotsstruktur im Bereich des Alpenostrandes. In dieser räumlichen Verteilung und strukturellen Differenzierung sind die Wirkungen der räumlichen Verbreitungsfaktoren des Urlaubs auf dem Bauernhof deutlich erkennbar (Naturraumfaktoren, Siedlungsfaktoren, Agrarstrukturfaktoren, Fremdenverkehrsinduktion, Nachfragefaktoren).

Es läßt sich aus all dem der Schluß ziehen, daß der weitere Ausbau von „Urlaub auf dem Bauernhof" sehr vorsichtig gehandhabt werden soll. Es geht keinesfalls darum, ihn als Allheilmittel für wirtschafts- und strukturschwache Räume zu betrachten. Eine wesentliche Hilfestellung für land- und forstwirtschaftliche Betriebe kann er nur dann leisten, wenn hohe Auslastungsquoten angestrebt werden. Dabei muß ein wohlausgewogenes Verhältnis zwischen einem modernen Komfortangebot und einer möglichst niedrig gehaltenen Investitionsbelastung gefunden werden. Als wichtigste Voraussetzung erscheint uns aber die Einstellung der Vermieterfamilie zu diesem Erwerbszweig und die Kenntnisse, die sie dafür mitbringen.

Abstract:
Vacation on the Farm. An Empirical Study of Structure and Development of a Special Type of Recreation and its Effects on Agriculture and Forestry in Lower Austria

Vacations spent on farms constitute an important part of touristic activities in Lower Austria. 35 to 40 per cent. of beds in touristic accomodations are found in farmhouses. In that respect the nearness of the area to the agglomeration of Vienna is of decisive importance. There are two main groups of guests, one consisting of old persons, mostly retired, with low-level price and consumer expectations, the other comprising families, most of them with one or two children, who combine low-price expectations with demands for accommodation of a higher quality. Farms that want to meet these requirements are facing costly investments.

Between 1972 and 1974 there was an explosive increase in the number of beds that by far surpassed the demand and resulted in an unsatisfactory utilization of the capacity. On an average a bed is used on 56 days of a year only, which together with the pressure of high interest rates and the low prices achievable may lead to ruinous conditions. Only fairly big farms with good financial standing can afford to offer vacations on the farm. A typical farmer will give the priority of investments to his agricultural activities, then he will improve his living quarters and only lastly he will – and is able to – invest in the touristic sector.

While touristic activities on a farm develop, their effects in relation to the inputs of capital and work vary between complementary and competitional ones. In the initial phase a high capital charge correlates with a low contribution of touristic income. In the second phase ("phase of equilibrium") the bed capacity is increased which results in a higher touristic income but also in a greater amount of work having first consequences on farming activities. In the third phase the further enlargement of touristic capacity will lead to a progressive shifting of work and capital from the agricultural to the touristic sector ("phase of substitution"). This is accompanied by a step by step reduction of the agricultural base, and the outcome may be the complete abandonment of farming.

The authors arrive at the conclusion that vacations on farms can no longer be considered a means to improve conditions in agricultural regions that are economically weak. Investments in this sector of tourism will have to be handled with great care and deliberation.

Quellenverzeichnis

1. Bücher und Aufsätze

AGER, T.: Der Fremdenverkehr in seiner Bedeutung für die Gebirgsbevölkerung und für die Bergbauernbetriebe. Agrarpolit. Revue, 14. Jg., Zürich 1958, H. 10/11, S. 455–468.

BÄUERLE, R.: Verflechtung zwischen Landwirtschaft und Fremdenverkehr. Staatswiss. Diss., Freiburg i. Br. 1967.

BAUMHACKL, H.: Die Keutschacher Seetalung. Eine Modellanalyse des Fremdenverkehrs. Hsg. v. Verb. d. wiss. Ges. Österr., 2. Bde., Wien 1974.

Bericht über die wirtschaftliche und soziale Lage der Land- und Forstwirtschaft in Niederösterreich für das Jahr 1976. Hsg. v. Amt d. NÖ. Landesregierung, Wien 1976.

Die Buchführungsergebnisse aus der österreichischen Landwirtschaft im Jahre 1977. Hsg. v. d. Land- u. forstwirtsch. Landes-Buchführungs-Ges. in Wien, Wien 1978.

DAVIS, J. M.: Farm Vacation Enterprises in Ohio. Res. Dev. Econ. Div., Washington D.C. 1964.

EISELT, B.: Der Urlaub am Bauernhof im oberösterreichischen Alpenvorland. Ergebnisse einer empirischen Untersuchung in Form von Gästebefragungen. Diplomarb., Univ. Linz 1976.

ENGLMAIER, A.: Urlaub auf dem Bauernhof: Möglichkeiten und Grenzen. Fremdenverkehrsentwicklung heute. Schriftenr. d. Alpeninst., H. 6, München 1976, S. 115–122.

Ferien auf dem Bauernhof – Wissenswertes über die bestehenden Rechtsvorschriften. Forum „L", H. 5–6, Wien 1976, S. 7–16.

Fremdenverkehr. Landesentwicklungskonzept Niederösterreich. Österr. Inst. f. Raumplanung, Arb. Nr. 277.2, Wien 1970.

Fremdenverkehr und Landwirtschaft. Publikationen d. Schweizerischen Fremdenverkehrsverb., Nr. 31, Bern 1955.

GEIGANT, F.: Die Standorte des Fremdenverkehrs. Eine sozialökonomische Studie über die Bedingungen und Formen der räumlichen Entfaltung des Fremdenverkehrs. Schriftenr. d. Deutschen Wirtschaftswiss. Inst. f. Fremdenverk. an d. Univ. München, München 1962.

GEISSLER, K.: Die Wirtschaftlichkeit des Erwerbszweiges Gästebeherbergung in landwirtschaftlichen Betrieben Bayerns. Bayer. landwirtsch. Jahrb., Bd. 49, München 1972, S. 454–489.

GERLACH, P.: Fremdenverkehr zur Strukturverbesserung des ländlichen Raumes. Kuratorium f. Technik u. Bauwesen in d. Landwirtsch. e. V., Frankfurt 1972.

GREIF, F.: Die Fremdenbeherbergung auf Bauernhöfen in Österreich. Monatsber. über d. Österr. Landwirtsch., Wien 1976, H. 10, S. 590–597.

HESS, G.: Landwirtschaft und Fremdenverkehr. Veröff. d. Akad. f. Raumforsch. u. Landesplanung, Forschungs- und Sitzungsberichte, Bd. 53, Hannover 1969, S. 103–114.

HINTERMANN, A.: Die Auswirkungen des Fremdenverkehrs auf den bergbäuerlichen Lebensraum am Beispiel von Bad Kleinkirchheim. Diplomarb., Hochsch. f. Welthandel, Wien 1974.

HOLD, U.: Standortbezogenen Situationsanalyse des Erwerbszweiges Fremdenverkehr in landwirtschaftlichen Betrieben der hessischen Mittelgebirge. AID-Schriftenr. H. 167, Bonn – Bad Godesberg 1970.

KLÖPPER, R.: Die räumliche Struktur des Angebots „Urlaub auf dem Bauernhof" – Entwicklungschancen im Rahmen des gesamten Beherbergungsangebotes in Landgemeinden. AID-Schriftenreihe, H. 179, Bonn – Bad Godesberg 1973.

KLÖPPER, R.: Struktur des Angebots von Urlaubsquartieren in landwirtschaftlichen Betrieben. Freizeit und Erholung, Schriftenr. f. ländl. Sozialfragen 67, Göttingen 1973, S. 66–70.

KOPETZ, H.: Was erwartet die Landwirtschaft vom Fremdenverkehr. In: Land- und Forstwirtschaft-Fremdenverkehr, Symposium 1972. Hsg. v. d. Österr. Ges. f. Land- u. Forstwirtschaftspolitik, Wien 1972, S. 29–34.

LANNER, S.: Privatzimmervermietung – Eine Chance für viele Bauern, In: Forum „L", H. 4, Wien 1976, S. 9–13.

LÖHR, L.: Bergbauernwirtschaft im Alpenraum. Graz 1971.

LÖHR, L.: Faustzahlen für den Landwirt. 5. verb. Aufl., Graz 1976.

MANDL, K.: Fremdenverkehrsgeographie der Provinz Alicante. Diplomarb. Wirtschaftsuniv. Wien 1979.

MINGER, CH.: Die Beziehungen zwischen Fremdenverkehr und Landwirtschaft mit besonderer Berücksichtigung der Berggebiete. Winterthur 1958.

Niederösterreichisches Privatzimmervermietungsgesetz, Landesgesetzblatt 7040-0, 22. Juli 1974.

OTREMBA, E.: Die Möglichkeiten der Verbesserung der Einkommensverhältnisse der bäuerlichen Bevölkerung durch den Fremdenverkehr. Raumforsch. u. Raumordnung, Bd. 27, Köln 1969, H. 3, S. 97–102.

PEVETZ, W.: Die Beziehungen zwischen Fremdenverkehr und Landwirtschaft unter besonderer Berücksichtigung der österreichischen Verhältnisse. Österr. Agrarverlag, Wien 1966.

PEVETZ, W.: Psychologische Probleme des Fremdenverkehrs auf dem Bauernhof. Agrar. Rundsch., Wien 1967, H. 4/5, S. 95–100.

PEVETZ, W.: Struktur und Motive von Urlaubern auf österreichischen Bauernhöfen und deren Einstellung zur Landwirtschaft. Agrarwirtsch. Inst., Schriftenreihe Nr. 27, Wien 1978.

PEVETZ, W.: Urlaub auf dem Bauernhof in Österreich. Der Förderungsdienst, 27. Jg., Wien 1979, H. 6, S. 157–163.

POCK, A.: Urlaub auf dem Bauernhof, eine wirtschaftsgeographische Analyse des Fremdenverkehrs im ländlichen Raum. Diplomarb., Wirtschaftsuniv. Wien, Wien 1981.

POHL, W.: Vom Dorf zum Fremdenplatz (Sauterns im Ötztal). Beitr. z. alpenländ. Wirtschafts- u. Sozialforsch., Folge 83, Innsbruck 1970.

PORSCHE, F.: Die Entwicklung des bäuerlichen Fremdenverkehrs, Bezirk Imst. Tiroler Landwirtschaftskammer, Innsbruck 1964.

PORSCHE, F.: Die Einnahmen aus dem Fremdenverkehr im Verhältnis zum Einkommen aus der Landwirtschaft 1968–1970. In: Landwirtschaft und Fremdenverkehr. Untersuchungen d. Landwirtschaftskammer f. Tirol 1967–70, Innsbruck, S. 24–25 (o. Jahr).

QUENDLER, TH.: Fremdenverkehr und Landwirtschaft. Agrar. Rundsch., Wien 1971, H. 6, S. 12–15.

RIEDLER, R.: Die Bedeutung des Fremdenverkehrs für die Landwirtschaft insgesamt. In: Landwirtschaft und Fremdenverkehr. Untersuchungen d. Landwirtschaftskammer f. Tirol 1967–1970, Innsbruck, S. 26–34 (o. Jahr).

RÖDLING, M.: Urlaub auf dem Bauernhof. Eine psychologische Untersuchung der Erwartungen der Urlauber (Bd. I). Eine psychologische Untersuchung der Einstellungen der Bauern zu ihren Gästen (Bd. II). Starnberg 1974.

RUPPERT, K. – MAIER, J.: Zur Geographie des Freizeitverhaltens, Münchner Studien z. Sozial- u. Wirtschaftsgeogr., Nr. 6, München 1970.

RUPPERT, K. – MAIER, J.: Der Zweitwohnsitz im Freizeitraum. Informationen, Inst. f. Raumordnung, 21. Jg., Bonn – Bad Godesberg 1971, H. 6, S. 135–157.

RUPPERT, K.: Zur Stellung und Gliederung einer Allgemeinen Geographie des Freizeitverhaltens. Geogr. Rundsch., H. 1, 1975, S. 1–16.

RUPPERT, K.: Grundtendenzen freizeitorientierter Raumstruktur. Geogr. Rundsch., H. 4, 1980, S. 178–187.

Rural Recreation in a New Family Farm Business. Res. Dev. Econ. Div., Washington D.C. 1962.

SACHS, L.: Angewandte Statistik. Berlin 1978.

SCHAFHUBER, D.: Der Urlaubsgast am Bauernhof. Landeskammer f. Land- u. Forstwirtsch. in Steiermark, Graz 1975.

SCHERMER, H.: Der Anteil der Landwirtschaft an der Zimmervermietung, 1969. In: Landwirtschaft und Fremdenverkehr. Untersuchungen d. Landwirtschaftskammer f. Tirol 1967–1970, Innsbruck, S. 18–20 (o. Jahr).

SCHERMER, H.: Auswirkungen des Fremdenverkehrs auf die Verbesserung der Wohnverhältnisse (Wasser, Heizung, Sanitär). In: Landwirtschaft und Fremdenverkehr. Untersuchungen d. Landwirtschaftskammer f. Tirol 1967–1970, Innsbruck, S. 21–23 (o. Jahr).

SCHULZ-BORCK, H. – TIEDE, S.: Urlaub auf dem Bauernhof – Arbeitsmäßige und finanzielle Auswirkungen für die Beherbergungsbetriebe. Eine Fallstudie aus Baden-Württemberg. Stuttgart 1973.

SCHULZ-BORCK, H. – TIEDE, S.: Urlaub auf dem Bauernhof. Analyse des Angebots an Urlaubsquartieren auf Bauernhöfen, Auswertung der Antworten von Urlaubern. AID-Schriftenr., H. 180, Bonn – Bad Godesberg 1974.

SCHWEITZER, R. v. – LOMMATZSCH, G.: Die Fremdenbeherbergung auf Bauernhöfen. AID-Schriftenr., H. 141, Bonn – Bad Godesberg 1968.

SCHWEMBERGER, M. – HOLLER, G.: Ferien am Bauernhof. Studie im Auftrag d. Präsidentenkonferenz d. Landwirtschaftskammern Österr. (o. Ort, o. Jahr, 1979?).

Situation der Bäuerin in Österreich. Eine Untersuchung der Arbeitsgemeinschaft für Landfrauen. Präsidentenkonferenz – aktuell, Wien 1976.

TOMASI, E.: Sozio-ökonomische Veränderungen im bäuerlichen Betrieb und Haushalt durch den Fremdenverkehr – am Beispiel dreier Gemeinden im Oberpinzgau (Salzburg). Geogr. Jahresber. a. Österr., Bd. 36, Wien 1978, S. 50–79.

Urlaub auf dem Bauernhof. Hsg. vom Österr. Kuratorium f. Landtechnik, Wien 1974.

Urlaub auf dem Bauernhof. Ergebnisse einer Umfrage zur Einstellung der Bevölkerung. Landwirtschaft – Angewandte Wissenschaft, H. 162, Hiltrup bei Münster 1972.

WOLF, W.: Ausstattung der Haushalte. Ergebnisse des Mikrozensus Juni 1979. Statist. Nachr., Wien 1980, H. 4, S. 213–218.

WRATHALL, J. E.: Farm-based holidays. Town and Country Planning, Bd. 49, 1980, H. 6, S. 194–195.

ZEDEK, G.: Übersicht über die Beziehungen zwischen Fremdenverkehr und Landwirtschaft. In: Land- und Forstwirtschaft – Fremdenverkehr, Symposion 1972. Hsg. v. Österr. Ges. f. Land- u. Forstwirtschaftspolitik, Wien 1972, S. 29–34.

2. Statistiken und sonstige Datenquellen

Der Fremdenverkehr in Österreich im Jahre 1970, Beitr. z. österr. Statistik, H. 259, ÖSTZA, Wien 1971.
Der Fremdenverkehr in Österreich im Jahre 1976, Beitr. z. österr. Statistik, H. 454, ÖSTZA, Wien 1977.
Der Fremdenverkehr in Österreich im Jahre 1979, Beitr. z. österr. Statistik, H. 577, ÖSTZA, Wien 1980.
Einwohnerstatistik 1976, Gemeinde Aspangberg–St. Peter.
Ergebnisse der land- und forstwirtschaftlichen Betriebszählung 1970, Österreich Teil 1: Landwirtschaft, Beitr. z. österr. Statistik, H. 313/10, ÖSTZA, Wien 1976.
Ergebnisse der land- und forstwirtschaftlichen Betriebszählung 1970, Österreich Teil 2: Forstwirtschaft. Beitr. z. österr. Statistik, H. 313/11, ÖSTZA, Wien 1977.
Ergebnisse der land- und forstwirtschaftlichen Betriebszählung 1970, Niederösterreich. Beitr. z. österr. Statistik, H. 313/5, ÖSTZA, Wien 1974.
Ergebnisse der land- und forstwirtschaftlichen Betriebszählung 1980, Sonderauswertung. ÖSTZA, Wien 1981.
Erhebung der land- und forstwirtschaftlichen Arbeitskräfte 1973, Beitr. z. österr. Statistik, H. 391, ÖSTZA, Wien 1975.
Fremdenverkehrsstatistik des Berichtsjahres 1979/80, Sonderauswertung. ÖSTZA, Wien 1981.
Gästebuchblätter, Juli 1979, Gemeinde Annaberg.
Gästebuchblätter, 1. 9. 1978–31. 8. 1979, Gemeinde Aspangberg–St. Peter.

3. Erhebungen

Fragebogen „Ferien auf dem Bauernhof", Landes-Landwirtschaftskammer Niederösterreich, 1975.
Fragebogen „Urlaub auf dem Bauernhof in Niederösterreich", 1976.
Fragebogen „Urlaub auf dem Bauernhof in Niederösterreich", Zusatzerhebung 1979.

Verzeichnis der Tabellen

		Seite
Tabelle 1:	Gliederung des Untersuchungsraumes in Groß- und Teilräume und Häufigkeit der erfaßten Betriebe	17
Tabelle 2:	Bedeutung des Urlaubs auf dem Bauernhof in Österreich	20
Tabelle 3:	Schätzung des tatsächlichen Ausmaßes und der Bedeutung der bäuerlichen Zimmervermietung in Niederösterreich	25
Tabelle 4:	Verkehrslage der Vermieterbetriebe in Niederösterreich	27
Tabelle 5:	Größenstruktur der Vermieterbetriebe in den Großräumen Niederösterreichs	32
Tabelle 6:	Waldausstattung der Vermieterbetriebe	32
Tabelle 7:	Rinderhaltung der Vermieterbetriebe (Anzahl der Rinder pro Betrieb)	34
Tabelle 8:	Beschäftigungsgrad im Dritterwerb neben Landwirtschaft und Zimmervermietung	35
Tabelle 9:	Gründe für den Entschluß zur Vermietung (Anteil an der Gesamtzahl der Nennungen) in %	37
Tabelle 10A:	Alter der Betriebsinhaber 1976 und Eintrittsalter (Alter zum Zeitpunkt der Vermietungsaufnahme); Anteile der einzelnen Altersgruppen in %	38
Tabelle 10B:	Alter der Kinder der Vermieterbetriebe zum Zeitpunkt der Vermietungsaufnahme	38
Tabelle 11A:	Arbeitskräftestruktur der Vermieterbetriebe (Vollarbeitskräfte je Betrieb) in %	39
Tabelle 11B:	Zum Vergleich: Arbeitskraft aller land- und forstwirtschaftlichen Betriebe Niederösterreichs in %	39
Tabelle 12:	Bedeutung der Stammkunden und Art der Gästewerbung	41
Tabelle 13:	Größenstruktur der Vermieterbetriebe nach der Bettenkapazität	44
Tabelle 14:	Vergleich der Verpflegsstruktur der Vermieterbetriebe Niederösterreichs mit Ergebnissen anderer Untersuchungen (Anteil der Betriebe in %)	48
Tabelle 15:	Durchschnittspreise für Frühstücks-, Halb- und Vollpension in S	50
Tabelle 16:	Herkunftsstruktur der Bauernhofgäste	55
Tabelle 17:	Familienstruktur von Bauernhofurlaubern in der Gemeinde Annaberg, Juli 1979	57
Tabelle 18:	Gruppengrößen der Feriengäste in der Gemeinde Aspangberg—St. Peter, 1978/79	58
Tabelle 19:	Altersstruktur der Gäste in %	58
Tabelle 20:	Entwicklung der Gästeanzahl und der Übernachtungen 1973—76 in Testbetrieben	60
Tabelle 21:	Finanzierung des Ausbaues der Fremdenzimmer	69
Tabelle 22:	Finanzierung durch Grundverkauf nach Betriebsgrößen	71
Tabelle 23:	Verhältnis von Grund- und Holzverkauf bei der Investitionsfinanzierung	71

Tabelle 24:	Fremdfinanzierung des Fremdenzimmerausbaues	72
Tabelle 25:	Struktur der Aufenthaltsdauer in den Beispielgebieten Annaberg und Aspangberg–St. Peter und in Vergleichsräumen	74
Tabelle 26:	Bettenauslastung der Betriebe 1976 in %	79
Tabelle 27:	Arbeitszeitaufwand im Fremdenverkehr	82
Tabelle 28:	Arbeitsmäßiges Konkurrenzverhältnis zwischen landwirtschaftlicher Nutzung und Fremdenzimmervermietung	83
Tabelle 29:	Roheinnahmen aus der Fremdenzimmervermietung	84
Tabelle 30:	Relation der Roheinnahmen aus Zimmervermietung zu jenen aus Land- und Forstwirtschaft	85
Tabelle 31:	Betriebswirtschaftliches Kalkulationsbeispiel	86
Tabelle 32:	Selbsteinschätzung der Einkommenssituation durch die Vermieterbetriebe	88
Tabelle 33:	Jährliche Direktvermarktung je Betrieb	90
Tabelle 34:	Veränderungen in der Land- und Forstwirtschaft durch die Zimmervermietung	91
Tabelle 35:	Veränderungen der Bodennutzung nach der Zahl der Betten (Bucklige Welt)	92
Tabelle 36:	Entwicklung der Viehhaltung in Betrieben mit mehr als 10 Betten	94
Tabelle 37:	Bodenmarkt in vermietenden Betrieben 1960–1976	95
Tabelle 38:	Bodenmobilität 1960–1976	96
Tabelle 39:	Vermietungsbeginn und Bodenmobilität	98
Tabelle 40:	Auflassung der Bewirtschaftung	98
Tabelle 41:	Investitionsverhalten der Betriebe mit frühem Vermietungsbeginn	102
Tabelle 42:	Maßnahmen zur Verbesserung der Bausubstanz im Wohnhaus	104
Tabelle 43:	Ausstattung der Haushalte bäuerlicher Vermieterbetriebe und Entwicklung der Anschaffung in %	105

Verzeichnis der Abbildungen Seite

Abbildung 1:	Entwicklung der Faktorverhältnisse in bäuerlichen Vermieterbetrieben	10
Abbildung 2:	Verteilung der erfaßten Vermieterbetriebe auf die Teilräume Niederösterreichs	16
Abbildung 3:	Bedeutung der Nebenerwerbsform „Zimmervermietung" innerhalb der Land- und Forstwirtschaft Niederösterreichs (dargestellt nach Gerichtsbezirken)	22
Abbildung 4:	Verbreitung des Urlaubs auf dem Bauernhof und seine Bedeutung innerhalb des niederösterreichischen Fremdenverkehrs (dargestellt nach Gerichtsbezirken)	23
Abbildung 5:	Einzelhoflage und Distanzen der Vermieterbetriebe zum nächsten Ort in den Teilräumen Niederösterreichs	28
Abbildung 6:	Höhenlagen der Vermieterbetriebe und Wintersportmöglichkeiten in den Teilräumen Niederösterreichs	30
Abbildung 7:	Selektionswirkung von Strukturkennwerten land- und forstwirtschaftlicher Betriebe bezüglich der Aufnahme der Zimmervermietung	33
Abbildung 8:	Ausbildung der Bäuerinnen in den Vermieterbetrieben in den Teilräumen Niederösterreichs	41
Abbildung 9:	Selbsteinschätzung der Qualität und Art der Zimmerausstattung durch Vermieter in den Teilgebieten Niederösterreichs	42
Abbildung 10:	Größenstruktur der Vermieterbetriebe (Bettenanzahl) in den Teilräumen Niederösterreichs	45
Abbildung 11:	Grund- und Komfortausstattung der Vermieterbetriebe in den Teilräumen Niederösterreichs	47
Abbildung 12:	Verpflegsstruktur der Vermieterbetriebe in den Teilräumen Niederösterreichs	48
Abbildung 13:	Schätzung der Verteilung der Vermieterbetriebe auf die Angebotstypen	51
Abbildung 14:	Angebotstypen des Urlaubs auf dem Bauernhof im Spannungsfeld zwischen landwirtschaftlichem und Vermietungseinkommen	52
Abbildung 15:	Regionalstruktur des Urlaubs auf dem Bauernhof	53
Abbildung 16:	Herkunftsgebiete der Bauernhofgäste	56
Abbildung 17:	Entwicklung des Fremdenverkehrs am Bauernhof in Niederösterreich	63
Abbildung 18:	Beginn der Zimmervermietung in landwirtschaftlichen Betrieben	64
Abbildung 19:	Bettenaufstockung	66
Abbildung 20:	Phasen des räumlichen Diffusionsprozesses der Zimmervermietung auf Bauernhöfen	67
Abbildung 21:	Investitionsfinanzierung des Fremdenzimmerausbaus durch Holzverkauf	70

Abbildung 22:	Durchschnittliche Aufenthaltsdauer 1976	73
Abbildung 23:	Typen der Frequenzverteilung auf niederösterreichischen Bauernhöfen	75
Abbildung 24:	Frequenzverteilung auf bäuerlichen und nichtbäuerlichen Betrieben in der Gemeinde Aspangberg–St. Peter	77
Abbildung 25:	Frequenzverteilung und Wintervermietung	78
Abbildung 26:	Bettenauslastung auf Bauernhöfen 1976	80
Abbildung 27:	Arbeitsbeanspruchung nach Unterkunftsarten und Betriebsgröße	81
Abbildung 28:	Modellkalkulation (Modell II)	87
Abbildung 29:	Direktvermarktung landwirtschaftlicher Produkte	89
Abbildung 30:	Entwicklung des Bodenmarktes (Pachtmobilität und Grundverkauf)	95
Abbildung 31:	Bodenmobilität und Vermietungsbeginn	97
Abbildung 32:	Investitionsverläufe im Bereich der Innenwirtschaft	101
Abbildung 33:	Vermietungsbeginn und Wohnhausausbau	103

WIENER GEOGRAPHISCHE SCHRIFTEN

GEGRÜNDET VON LEOPOLD G. SCHEIDL
HERAUSGEBER KARL A. SINNHUBER. SCHRIFTLEITER: KARL A. SINNHUBER UND HERWIG LECHLEITNER
KARTOGRAPHISCHE BEARBEITUNG: NORBERT STANEK
EIGENTÜMER: GEOGRAPHISCHES INSTITUT DER WIRTSCHAFTSUNIVERSITÄT WIEN, 1190 WIEN, FRANZ KLEIN-G.
ZUSCHRIFTEN BEZÜGLICH DES SCHRIFTENTAUSCHES AN DAS INSTITUT
BESTELLUNGEN AN DEN VERLAG FERDINAND HIRT, 1090 WIEN, WIDERHOFERGASSE 8

---

1 JOACHIM KULIGOWSKY: Die Seehäfen des österreichischen Außenhandels. 1957. 54 Seiten, 6 Karten und Pläne.

2 KARL KNOBLEHAR: Die oberösterreichische Industrie. Standort, Entwicklung und Leistung. 1957. 56 Seiten, 1 Karte.

3 JOSEF MATZNETTER: Der Seeverkehr der Kanarischen Inseln. 1958. 56 Seiten, 4 Karten und Pläne.

4 JOSEF DORNER: Wiener Neustadt — Wiederaufbau einer Industriestadt. 1958. 51 Seiten, 5 Kartenskizzen und 1 Plan.

5 HELMUT SCHMID: Das Autobusnetz Österreichs. 1958. 62 Seiten, 2 Diagramme und 1 Karte.

6 MATTHIAS SAILER: Der Hafen Wien. 1959. 48 Seiten, 4 Karten und 1 Diagramm.

7 ADOLF TSCHEITSCHONIG: Die Magnesitwirtschaft Österreichs. 1959. 62 Seiten, 1 Karte, 3 Profile, 2 Diagramme und 4 Bilder.

8 ELFRIEDE KLEE — RUDOLF BÜTTNER: St. Pölten als Industriestandort. 1959. 67 Seiten, 5 Karten und Pläne.

9 PETER H. BENDA: Die Industrie- und Gewerbebetriebe in Wien. 1960. 58 Seiten, 1 Kärtchen, 6 Diagramme und 1 Karte.

10 FRANZ LANG: Der Güterverkehr der österreichischen Eisenbahnen. 1960. 80 Seiten, 4 Kartenskizzen, 2 Diagramme und 1 Karte.

11 FRIEDRICH JAUSZ: Die Elektrizitätswirtschaft Kärntens. 1961. 64 Seiten, 3 Diagramme, 1 Kartogramm, 1 Karte und 5 Kraftwerksbeschreibungen.

12
13 ERHART WINKLER: Die Wirtschaft von Zonguldak, Türkei. Eine geographische Untersuchung. 1961. 127 Seiten, 4 Kartenskizzen, 1 Diagramm, 1 Profil, 2 Karten, 1 Plan und 16 Bilder.

14 EUGEN SWOBODA: Die Standorte der Elektroindustrie Österreichs. 1962. 77 Seiten, 3 Diagramme, 1 Karte und 11 Bilder.

15 ELMAR SCHNEIDER: Die Wirtschaftsgeographie des Arlbergs. 1962. 63 Seiten, 3 Karten und 12 Bilder.

16 LEOPOLD SCHEIDL: Die Probleme der Entwicklungsländer in wirtschaftsgeographischer Sicht. 1963. 67 Seiten.

17 KURT SCHÖMIG: Österreichs Buntmetallwirtschaft. 1963. 77 Seiten, 1 Kartenskizze, 5 Diagramme und 4 Bilder.

18
23 Festschrift — Leopold G. Scheidl zum 60. Geburtstag, I. Teil. 1965. 32 Beiträge, herausgegeben im Auftrag des Vorstandes der Österreichischen Gesellschaft für Wirtschaftsraumforschung von H. BAUMGARTNER, L. BECKEL, H. FISCHER, F. MAYER und F. ZWITTKOVITS. 396 Seiten, 31 Karten und Kartenskizzen, 8 Diagramme und 3 Bilder.

24
29 Festschrift — Leopold G. Scheidl zum 60. Geburtstag, II. Teil. 1967. 27 Beiträge, herausgegeben im Auftrag des Vorstandes der Österreichischen Gesellschaft für Wirtschaftsraumforschung von L. BECKEL und H. LECHLEITNER. Kartographische Bearbeitung: F. MAYER und K. SCHAPPELWEIN. 398 Seiten, 93 Karten und Kartenskizzen, 12 Diagramme und 30 Bilder.

30	Franz Lugmair:	Die Landmaschinenerzeugung in Österreich. 1968. 95 Seiten, 1 Karte, 1 Kartenskizze, 4 Diagramme und 23 Bilder.
31 32	Otmar Kleiner:	Österreichs Eisen- und Stahlindustrie und ihre Außenhandelsverflechtung. 1969. 184 Seiten, 1 Kartenskizze und 9 Diagramme.
33	Alice Bargiel:	Die Standorte der Wirtschaftstreuhänder in Österreich. 1969. 19 Seiten und 1 Karte.
34	Stefan Skowronek:	Die Standorte der österreichischen Kreditunternehmungen. 1970. 59 Seiten und 1 Karte.
35	Klaus Nozicka:	Die österreichische Ziegelindustrie. 1971. 90 Seiten und 1 Kartenskizze.
36 37	Herwig Lechleitner:	Die Rolle des Staates in der wirtschaftlichen und sozialen Entwicklung Libanons. 1972. 171 Seiten und 5 Kartenskizzen.
38 39	Peter Schnitt:	Die Regionalstruktur des Außenhandels Belgien—Luxemburgs. 1973. 126 Seiten.
40	—	Zehn Jahre Österreichische Gesellschaft für Wirtschaftsraumforschung. 1973. 36 Seiten.
41 42	Leopold Scheidl:	Die Wirtschaft der Republik Südafrika. 1976. 173 Seiten, 18 Karten.

43–45 Festschrift — Leopold G. Scheidl zum 70. Geburtstag. Beiträge zur Wirtschaftsgeographie, I. Teil. Herausgegeben von E. Winkler und H. Lechleitner. 1975. 296 Seiten, 22 Karten, Skizzen und Diagramme.

46–48 Festschrift — Leopold G. Scheidl zum 70. Geburtstag. Beiträge zur Wirtschaftsgeographie, II. Teil. Herausgegeben von E. Winkler und H. Lechleitner. 1976. 231 Seiten, 31 Karten, Skizzen und Diagramme, 4 Bilder.

49 50	Wolfgang Entmayr:	Der Hafen von London. 1977. 128 Seiten, 11 Abbildungen und Karten.

51–52 Beiträge zur Fremdenverkehrsgeographie, I. Teil. Herausgegeben von K. Sinnhuber und F. Jülg, 1978. 233 Seiten, 39 Karten, Skizzen und Diagramme, 4 Bilder.

53–54 Beiträge zur Fremdenverkehrsgeographie, II. Teil. Herausgegeben von K. Sinnhuber und F. Jülg, 1979. 200 Seiten, 31 Karten, Skizzen und Diagramme.

55 56	Klaus Arnold — Christian Staudacher	Urlaub auf dem Bauernhof. Eine empirische Untersuchung der Struktur und Entwicklung einer spezifischen Erholungsform und ihrer Auswirkungen auf die Land- und Forstwirtschaft in Niederösterreich. 1981. 120 Seiten, 9 Kartogramme, 24 Diagramme.

1—3, 8 und 9: vergriffen. 4: S 40,—. 5, 7 und 16: S 52,—. 10, 11, 14, 15 und 17: S 73,—. 12/13: S 145,—. 18/23 und 24/29: broschiert S 300,—, Ganzleinen S 340,—. 30: S 120,—. 31/32: S 190,—. 33: S 80,—. 34: S 180,—. 35: S 120,—. 36/37: S 273,—. 38/39: S 190,—. 40: S 48,—. 41/42: S 272,—. 43/45: S 483,—. 46/48: S 373,—. 49/50: S 298,—. 51/52: S 496,—. 53/54: S 448,—.